企業不祥事
事後対応の手引き
― 社内調査・マスコミ対応・第三者委員会 ―

木曽 裕 著

経済法令研究会

はしがき

　本書は、企業を巡る不祥事対応、特に不正調査にクローズアップしたものであるとともに、企業自身が行うべき行動に力点を置きつつ、不正調査における外部専門家との関係性についてまで踏み込んだ書籍である。

　昨今、企業不祥事が報道されない日はないといっていいほど、わが国の企業を取り巻く監視の目は年々厳しくなっている。

　かかる情勢において、これまであまりクローズアップされてこなかった不正調査という分野について解説する書籍も増えてきている。

　これまでの多くの解説書が、各不正の類型の解説や法令の解説に重点を置いていたが、残念ながら、いざ、不祥事あるいは不正の疑いをキャッチした場合、どこから手を付けるべきなのか、どこまで自前でやるべきなのかといった、企業活動の目線で解説されたものはなかった。

　筆者は、2000年から検察官に任官し、弁護士に転身した2008年からは、企業不祥事対応にほぼ特化した業務を行ってきた。

　筆者自身が調査を行うこともあれば、企業が独自に行う調査についてのアドバイスを行うこともあったが、その中で、おそらく初めての作業であろう、不祥事と向き合うということ、不正と向き合うということを担当することになった企業人の悩み、苦悩を間近に目にしてきた。

　本書は、そのような、自社の命運を左右することになりかねない、不祥事・不正対応を行うことになった担当者が最初に手にすべき書となるべく、できるだけ抽象的な記載は排し、事例を念頭に置いた具体的行動の指針を示したつもりである。

　また、業務ニーズが高まっているのに、あまり実務書がないために、

弁護士や公認会計士といった、企業不祥事対応の中心となるべき専門家の質にもばらつきが見られ、そのことでかえって専門家集団への社会的信頼を損ないかねない憂慮すべき事例も散見されている。

　本書は、このような、初めて不正調査を行うことになる法律専門家、会計専門家が手っ取り早く適切な調査行為を学ぶための書としても有用であると考えている。

　本書が、不幸にして不祥事・不正が起きてしまった企業、あるいはそのような企業にならないための防止策・予防策を検討している企業、そしてこれら企業から期待されて調査業務を受ける専門家の業務の一助となれば幸いである。

　　2016年7月

弁護士法人 北浜法律事務所東京事務所

弁護士　木曽　裕

Contents

● 解説編 ●

第1 総論

1 不祥事発生時の事後対応の重要性 ……………………………2
2 不祥事発覚時の調査 ……………………………………………5
3 自力でやる不正調査の留意点 …………………………………6
4 上場会社における不祥事対応のプリンシプル ………………9

第2 不正調査と業務執行権

1 不正調査の実施根拠 ……………………………………………18
2 企業の調査権の根拠は業務執行権 ……………………………18
3 従業員の調査協力義務 …………………………………………20
4 業務執行できない範囲は調査不可能 …………………………23

第3 不正調査の対象

1 思想・信条の調査 ………………………………………………24
2 交友関係の調査 …………………………………………………26

Contents

   3　疾病調査 ………………………………………………… 30
   4　派遣社員に対する調査 ………………………………… 31
   5　業務外の不正行為 ……………………………………… 34

第4　不正調査の手法（ヒアリングでやっていいこと、いけないこと）

   1　ヒアリングの時間的論点 ……………………………… 38
   2　ヒアリングの場所的論点 ……………………………… 42
   3　秘密録音の可否 ………………………………………… 43
   4　不当なヒアリング手法（脅迫） ……………………… 47
   5　不当なヒアリング方法（偽計的手法） ……………… 50
   6　免責的手法の有効性 …………………………………… 51
   7　ヒアリングのまとめ …………………………………… 55

第5　不正調査の手法（証拠収集でやっていいこと、いけないこと）

   1　場所的範囲に関する論点 ……………………………… 56
   2　物的範囲に関する論点 ………………………………… 60
   3　適正な手続の担保 ……………………………………… 61
   4　電磁的記録の留意点 …………………………………… 63

第6　事実認定の手法

   1　事実認定とは …………………………………………… 65

2	証拠評価方法 ………………………………………………… 66
3	バランスを意識した事実認定 ……………………………… 70
4	否認と事実認定 ……………………………………………… 72

第7 不当な調査を行った場合の責任

1	調査担当者の個人的責任 …………………………………… 73
2	会社の責任 …………………………………………………… 74
3	対象者を適切に処分できない場合 ………………………… 74
4	事実認定が覆ったときの法的責任 ………………………… 75
5	まとめ ………………………………………………………… 75

第8 不当な調査があった場合のリカバリー

1	瑕疵ある調査手続の治癒・遮断 …………………………… 77
2	瑕疵の治癒 …………………………………………………… 77
3	瑕疵の遮断 …………………………………………………… 79
4	瑕疵の治癒・遮断の専門家への依頼 ……………………… 80

第9 マスコミ対応

1	総　論 ………………………………………………………… 81
2	開示時期 ……………………………………………………… 82
3	会見に向けた準備 …………………………………………… 84

Contents

　4　会見当日の準備 …………………………………………… 85

第10　第三者委員会

　1　第三者委員会とは ………………………………………… 88
　2　どのような場合に第三者委員会を設置すべきか ……… 91
　3　第三者委員会設置の流れ ………………………………… 95
　4　第三者委員会設置の決断は誰がするか ………………… 105
　5　第三者委員会設置後の会社側の体制 …………………… 108
　6　第三者委員会報告書提出までの流れ …………………… 111
　7　公表までの流れ …………………………………………… 113
　8　第三者委員会が収集した証拠の取り扱い ……………… 117
　9　自主規制法人対応 ………………………………………… 117

事例編

　1　不正会計 …………………………………………………… 120
　2　表示偽装 …………………………………………………… 132
　3　談合・カルテル …………………………………………… 146
　4　異物混入 …………………………………………………… 156
　5　SNS炎上 …………………………………………………… 165
　6　業務上の死傷事故 ………………………………………… 171
　7　インサイダー取引 ………………………………………… 179
　8　取引先の不祥事 …………………………………………… 185
　9　反社会的勢力との取引 …………………………………… 190

10	情報漏えい ……………………………………	195
11	従業員個人の不祥事（業務内） ……………………	204

■資　料■
◆決算短信・四半期決算短信作成要領等（抜粋）（2015年版3月版）・215
◆「上場会社における不祥事対応のプリンシプル」の策定について・217
◆企業等不祥事における第三者委員会ガイドライン・220

本書の内容に関する訂正等の情報

　本書は内容につき精査のうえ発行しておりますが、発行後に訂正（誤記の修正）等の必要が生じた場合には、当社ホームページ（http:// www.khk.co.jp/）に掲載いたします。

解説編

解 説 編

第1 総 論

1 不祥事発生時の事後対応の重要性

1 できれば対応したくない「不祥事」

　企業にとって不祥事の発生は、外部に漏れると、賠償責任や風評被害、法的責任を超えた対応を迫られるようになるなど多大な企業価値の棄損が発生する。よって、不祥事の対応を考える際には、この企業価値の棄損をいかに最小限に食い止めるかということを考えることになる。
　この食い止め方として、最もシンプルなのは、「ばれないこと」である。
　内部で察知したが、外部に漏れなければ、うやむやになることは少なくない。
　さすがに、自社の商品で人が健康被害を被るおそれがあるとか、破壊のおそれがあるような場合には、いずれ事故が発生して発覚するし、なかったことにしようというのは無理がある。
　他方、法令違反や虚偽表示・虚偽開示をしているが実質的には実害がない場合は、外部に漏れれば、さまざまなインパクトが発生することが予想されるだけに、対応が及び腰になり、実害がないなら隠ぺいするなどの行動に出ることは、人間の心理としても理解できるところである。
　これは、経営者のみならず、あらゆる社員に共通する心理である。

したがって、不祥事の報告がない、あるいは対外的に開示されていないからといって、不祥事が存在していないと理解して企業運営をするわけにはいかず、不祥事対応策、特に抑制策の難しさは、この「不祥事はできれば隠したい」という人間心理にまで配慮した対応ができるかどうかにかかっている。

2　不祥事は発覚する

当事者が隠し通せていて現在までに発覚していない不祥事は、当然、当事者以外には知られていないところである。よって、すでに発覚している不祥事事案とは、当事者が自発的に開示したパターンとともに、隠し通そうとしたが見つかってしまった、という事案も含まれている。

隠し通したいという気持ちがあるということは前記のとおりであるが、それでも発覚するパターンとしては、次のとおりである。

(1)　税務調査時に発覚

特に多いのは、賄賂や談合金の捻出などを企図して架空の経費計上などをしていた場合に、税務調査で指摘を受け、使途不明金の捻出方法をたぐっていった場合に不正会計や虚偽発注などの不正に突き当たるパターンである。

(2)　会計監査時に発覚

これは、税務調査同様、エビデンスのない取引やエビデンスと処理が異なる取引が発覚し、社内での経理処理の矛盾から、不正行為が発覚するパターンである。

(3)　引き継ぎや業務承継時に発覚

担当者が変わるタイミングというのは、不正が発覚するタイミングとして有名であるが、特に前任者と後任者の間で不正を画策できないという意味で、外部への承継時（後任担当者が別部署や別会社から来たような場合）のほうが不正は発覚しやすい。

(4)　内部告発

企業内で受け取る内部告発のみならず、規制官庁への告発も含めれ

ば、企業不祥事の多くが内部告発によって発覚しているといえよう。

　特に、最近では、退職者からの情報が重要なソースとなっている。

　そのため、規制官庁は、不正の疑いがある場合に、現職者ではなく退職者に接触して、利害関係が解消された状態の人からの情報入手を試みる手法を活用している。

　このように、内部告発がなされると、情報の量や正確性という意味において不祥事発覚は極めて容易になる。

　たとえば、アメリカ合衆国の不正請求防止法では、内部告発者に報奨金を支払う制度を古くから採用しており、内部告発を積極的に奨励しているが（注）、これも、外部から手を突っ込むよりも、内部からもってきてもらうほうが、より摘発しやすいからである。

　不祥事は発覚する。すぐに発覚するかどうかは事案にもよるが、必ず発覚するものだと肝に銘じて、積極的な対応が必要である。

　不祥事の存在について、外部に漏れないことを期待してびくびく経営していくのは、もはやビジネスジャッジではなく、いつ発覚するかを運に任せているという意味で、ギャンブルといわざるを得ない。

　しかも、外部からの指摘をきっかけに発覚した場合、企業としての戦略をもったイニシアティブをとることができなくなり、打たれっぱなしのサンドバッグ状態となる。

　したがって、自ら、公表のタイミングやその程度についてある程度のイニシアティブをとりつつ、批判や叱責の激流・渦の中に沈まぬよう、しっかり舵取りできるようにするためには、自発的な事実の調査と、調査結果に対するジャッジが必要である。

　　（注）政府との取引で不正な利得を得た者は、政府の損害額の3倍額と制裁
　　　　金を支払わなければならず、その端緒となる内部告発をしたものは、政
　　　　府に代位して自ら訴訟の原告となり、勝訴回収額の15〜25％を報奨金
　　　　として受け取ることができるという制度である。

2　不祥事発覚時の調査

　不祥事発覚時に、会社として検討すべき事項をまとめると、次のとおりである。

1　どこまで自力でやるか

　社内の情報共有でキャッチした場合はもちろん、外部からの指摘があった場合でも、最初の調査は社内の人間だけでやることになる。
　本書は、社内の人間が行う当初の調査を念頭に置いたものであるが、後述するような、社内の人間では限界がある、あるいはそもそも社内の人間では不適切という事案があるので、どこまで社内・自力でやるかという見極めは常に意識しておき、しかるべきタイミングで、しかるべき者に引き継ぐことが必要である。

2　社外の力を借りるかどうか

　社外の力とは、筆者のような不正調査の専門家のほか、監査法人、顧問弁護士など日ごろ付き合いのある専門職のことも指す。
　なお、後述のとおり、上場企業においては、不祥事対応において第三者委員会の設置は避けて通れない情勢であるので、これも要否・タイミングを判断する必要がある。

3　自力調査で、やっていいこと、いけないことは何か

　これは、外部の力を借りるかどうかという主体の問題ではなく、会社の業務執行権の一環として何が許される調査かという、行為の問題である。
　この点は、一般にあまり意識されておらず、明確なルールがない分野でもあるので、本書では紙幅をとって解説する。

解説編

3　自力でやる不正調査の留意点

　まず、不祥事情報をキャッチした場合、事実確認を社内で行う必要があるが、やみくもに手を付けてしまうと、最悪の場合、証拠が隠滅されて真相にたどりつけず、結果、企業の説明責任を果たせなくなる事態を招くので、社内調査を行うにあたっての留意事項を理解しておく必要がある。

1　証拠は確保できるか、隠滅可能性はどの程度か

　法的な措置を講じる場合はもちろん、対外的な説明においても、根拠となる証拠を収集することは不可欠である。

　よって、今後、調査をどのようなペースで進めるかを考えるにあたっては、証拠の確保可能性・隠滅可能性を視野に入れながら、自力でやるべき範囲を決する必要がある。

(1)　隠滅しにくい証拠かどうか

　証拠の中には、社外にあり、かつ会社にとって入手が容易なもの、あるいは隠滅すると企業活動そのものが停止してしまうため隠滅することが困難なものがある。

　前者の例は、ログが外部サーバに記録されている電子メール、会社貸与携帯の通話履歴など、後者の例は会計帳簿類である。

(2)　隠滅されても回復・代替可能か

　証拠の中には、隠滅しても元の状態に戻すことができたり、他のもので代替することが可能なものがある。

　たとえば、会社貸与パソコンは調査対象として不可欠の存在であるが、パソコンのハードディスクに落とし込んであるデータについては、物理的破壊がなされないかぎりは、削除してもデータを復活させることができる。

　また、会計処理の元となる伝票類については、発行もしくは受領の相

手方が反面資料をもっている（たとえば、こちらに請求書はなくても、相手にはある。納品書はなくても受領証はあるなど）。

　電子データの留意点については後述するが、サーバーに保管されているデータであれば、サーバーのログやバックアップで対応できる場合もある。

　このあたりについては、事件が起きてから、自社のデータ保守体制を調べることが多いのが現実であるから、システム開発、保守担当者とも協議を行い、隠滅されたら取り返しがつかないもの、隠滅しても復活できるもの、復活できる可能性はあるが不確実なものに分類して、確実な証拠確保を検討する必要がある。

2　関係者の範囲

　不正の存在が事実であるとすれば、関わった人間はどの範囲に及ぶのか、調査の範囲を確定しておく作業が必要である。

　すなわち、カルテルや品質の偽装といった、その性質上、想定される関係者の範囲が極めて狭いような事案を除き、その企業の規模、組織構造、決裁システム、監査システムなどの組み合わせにより、不正に関わった人間の範囲は、その企業の実情によって違いが生じる。

　よって、他社の同種事例において少人数の関係者しか関わっていなかったとしても、自社についてそれが妥当するという保証はない。

　また、特定の部署に関わる事例であったとしても、その不正が長年にわたって行われているような場合、現幹部に当事者がいる可能性も出てくる。

　このように、不正に関わった人間の範囲の特定のためには、
① 性質上、どの範囲の部署の人間が関わることになるのか
② 現幹部らの職歴に当該部署の経験者がいるかどうか
③ 当該部署から他に転出したものがいるかどうか
というように、部署的な広がりと、時間経過に伴う時期的な範囲についても検討し、関係者が現担当からさらに拡大するとして、最大の範囲は

解説編

どこかを見極める必要がある。

　そして、その結果、現幹部、特に現役員が過去に関わっていた可能性があるという場合は、調査が開始されたという事実が知れるだけで、組織的な防衛や証拠隠滅が行われるリスクがあるので、報告するべき役員の範囲、ならびに調査で得られた情報の共有範囲について、慎重な判断をせざるを得ない。

　現実的には、業務執行に関わっている役員に相談することが難しい場合、社外役員がいる場合には社外役員、いない場合は監査役、監査等委員会に報告するなどして、調査の方針あるいは外部専門家への相談のタイミングを計る必要がある。

3　調査する側の体制

　「不祥事が起きたときにこれを調査する部署」というものをあらかじめ想定して設置している会社はほとんどない。

　総務部、法務部、監査室、経営管理などなど、それらしい部署はあるものの、いざ、不祥事が起きたときの調査となると、その不祥事の性質に応じたチーム編成を行うことになる。

　後述するように、会社における調査は業務執行権の一環であることから、業務執行として行う以上、最高責任者は社長である。

　よって、業務執行ラインで行うべき調査について、体制構築・実行の最終判断者は、社長である。唯一の例外は、監査役、監査等委員会である。

　会社法上、監査役、監査等委員会については、業務執行に関する調査権を有しており（監査役につき、会社法381条2項・3項。監査等委員につき、同法399条の3）、社内に不正があると思われる場合には、ヒアリング、資料の提出要求など、あらゆる調査をすることが可能である（なお、非公開会社で、監査役会、会計監査人を設置していない会社では、権限を会計監査に限定することができるので、この場合は当たらない）。

たとえば、社外取締役、社外監査役の両方を設置している会社であって、不正の事案が経営陣に関わる問題である場合は、両社外役員あてに報告を行い、判断を仰ぐということが可能である。

以上から、不祥事の疑いがある場合、ただちに業務執行の責任者である社長に報告が上がるよう、当該情報に接した者が責任をもって対処すべきであるが、事柄の性質上、社長に報告するのが適切でない事案の場合は、社外役員や監査役などへの報告が必要である。

そして、報告を受けた社長ないし調査権を有する監査役等は、不正の存在が事実かどうかについて調査を行うための体制を構築することになる。

最初に不正の端緒となるべき情報に接する者が実際に調査行為を行うべきとは限らないので、重要なことは、最初に不正の端緒となるべき情報に接した者は、すべからく、経営陣もしくは調査権を有している者への報告を速やかに行い、会社としてのしかるべき判断ができるようスピーディーに行動することが求められる。

4 上場会社における不祥事対応のプリンシプル

1 プリンシプルの位置付け

日本取引所自主規制法人（以下「自主規制法人」という）は、2016年1月22日、「上場会社における不祥事対応のプリンシプル」（案）として、上場企業において不祥事が発生した場合の対応についての同法人の考えを示すにいたった。

「プリンシプル」とは、原理・原則、主義などと訳される言葉であるが、同法人はこのプリンシプルには拘束性はないとしている（「法令や取引所規則等のルールとは異なり、上場会社を一律に拘束するものではありません。」と明記している）。

しかしながら、同法人には、上場審査をはじめとする、上場企業に対

解説編

する生殺与奪ともいうべき権限があり、各場面において上場企業の行動に強い影響力を行使する存在であることは疑いようはなく、個々の企業の不祥事に関して相当に踏み込んだ関与を試みているとの指摘もあるところである。

以上のようなことからすると、このプリンシプルに法的拘束力はないといってみたところで、上場企業にとっては不祥事発生時に常に意識しなければならない原理・原則となることに疑いはないといえよう。

2　プリンシプルの概要とその解釈

以下、筆者がプリンシプルから読みとる、自主規制法人の意図していることやその背景事情について、考えるところを記述する。

いうまでもなく、これは筆者の私見であり同法人の見解とは何らの関係もないが、多くの上場企業の不正調査案件、第三者委員会に関わってきた経験を通じて、同法人が考えているところをなるべく根拠をもって推測を試みるものである。

> ① 不祥事の根本的な原因の解明
>
> 　不祥事の原因究明に当たっては、必要十分な調査範囲を設定の上、表面的な現象や因果関係の列挙にとどまることなく、その背景等を明らかにしつつ事実認定を確実に行い、根本的な原因を解明するよう努める。
> 　そのために、必要十分な調査が尽くされるよう、最適な調査体制を構築するとともに、社内体制についても適切な調査環境の整備に努める。

不祥事が発生した企業としては、その不祥事の原因が何なのか説明する責任があることは承知しているところであるので、プリンシプルが当たり前のことをわざわざ述べていると理解するのは妥当でない。

一般的に、企業が自身で原因を説明しようとするとき、なるべく影響が小さくなるように意識が働いてしまう傾向にある。

　たとえば、1人の担当者、1つの部署が暴走して事件は起こった、だからその他の部署や経営陣はむしろ被害者であり、原因とは関係がない、というようなまとめ方をしたがる傾向にあるといえる。

　プリンシプルは、このような安易な責任の押しつけや責任の矮小化をしがちな企業の傾向を踏まえて、わざわざ「根本的な原因」という表現を用いているものと解釈すべきであろう。

　すなわち、1つの現象だけ見れば、1人の部長が不当な指示を出していたという現象があったとしても、なぜ、1人の部長がそのようなことができてしまったのか、その部長がそのような指示を出さざるを得なくなったのはなぜか、早期に発見することができなかったのはなぜかなど、不正の発生を許した組織的な原因や背景があるはずだというような、原因を組織の問題にフィードバックしていく思考が要求されているといえよう。

　プリンシプルが、「表面的な現象や因果関係の列挙にとどまることなく」と記載しているのも、起きた事象のみならず、目に見えない背景を深くえぐるような原因分析が必要であるという考えを示していると解釈することができる。

　以上を踏まえた場合に、企業が経営責任に及ばないように手心を加えた調査結果を出そうものなら、自主規制法人からの厳しい介入と、追加の説明要求が行われるであろうし、これに応じなければ、自主規制法人としてあらゆる措置を講じてくることは明らかであろう。

　さらにいえば、このように企業の体質や組織風土に深くメスを入れるのは、企業自身では限界があると考えていると見るべきであり、企業が第三者委員会の設置をしないで調査を終わらせようと思うときに、原因分析が不十分で自力では限界があるとして、第三者委員会の設置を強く要求されることも覚悟しておくべきであろう。

解説編

> ② 第三者委員会を設置する場合における独立性・中立性・専門性の確保
>
> 　内部統制の有効性や経営陣の信頼性に相当の疑義が生じている場合、当該企業の企業価値の毀損度合いが大きい場合、複雑な事案あるいは社会的影響が重大な事案である場合などには、調査の客観性・中立性・専門性を確保するため、第三者委員会の設置が有力な選択肢となる。そのような趣旨から、第三者委員会を設置する際には、委員の選定プロセスを含め、その独立性・中立性・専門性を確保するために、十分な配慮を行う。また、第三者委員会という形式をもって、安易で不十分な調査に、客観性・中立性の装いを持たせるような事態を招かないよう留意する。

〈第三者委員会の設置が原則と考えている〉

　この文章を読むだけでも、自主規制法人が、第三者委員会という調査体制を強く推進していることがわかる。

　本書では、項を改めて第三者委員会の功罪を論じるが、それはさておき、自主規制法人が第三者委員会による調査や開示を極めて重視しているという事実は、上場企業としては意識せざるを得ないところである。

　とすれば、第三者委員会の設置をするかどうかは企業の自主的判断という建前はあるものの、このプリンシプルに現れている自主規制法人の思考は、「原則として、第三者委員会をはじめとする客観性をもたせた調査組織をつくれ。もし、つくらずに自前でやるのであれば、つくらない理由を十分に納得できる根拠をもって説明せよ」というものであると理解するのが妥当であろう。

　実際、筆者をはじめとする企業不祥事対応を業務とする弁護士の意見を聞くと、企業が自前の調査で済まそうとしたことに対し、自主規制法人が強い圧力を加えて第三者委員会設置をさせたという事例があることを聞く。

このように、このプリンシプルでは、一見、客観性・中立性・専門性確保のためには第三者委員会がいいですよという一般論を書いているように見えるが、そもそも、上場企業のあり方として、客観性・中立性・専門性のある見解を出す、開示することが要求されている以上、第三者委員会を設置するのが原則であり、そうでないなら納得いく説明を市場に行うことを強く要求している、と読むべきなのである。

〈第三者委員会の肝は委員の選定にあると考えている〉

この部分はいささか、自主規制法人内のバイアスのかかった見解であると思うが、前項で企業の原因解明においては、表面的な原因ではなく、企業風土までをえぐるような原因分析をするべきという指針を示していることとセットで、そのような分析ができるのは、企業との関係性が薄い、あるいは関係がない委員によってのみ可能である、というロジックであろう。

よって、企業が第三者委員会を設置したとしても、そのメンバーが企業との関係性があると見られた場合は、別の委員会の設置を要求されることがあるということも、含んでおかなければならない。

しかしながら、現実には、この委員の選定の段階こそ、企業の風土や現実の壁が現れるところであり、また、人材の選定においてはさまざまな困難があり、なかなかハードルの高い要求であるのも事実である。

この点についての筆者の見解については、項を改めることとするが、とりもなおさず、せっかく高額の報酬を支払って設置した第三者委員会であっても、メンバーの素性だけでその調査行為や結果にケチがつくというのでは経済合理性がないし、時間的な制約もあるので、企業としては当初から十分な配慮が必要なポイントであるといえよう。

③ 実効性の高い再発防止策の策定と迅速な実行

再発防止策は、根本的な原因に即した実効性の高い方策とし、迅速かつ着実に実行する。この際、組織の変更や社内規則の改訂等にとど

解　説　編

> まらず、再発防止策の本旨が日々の業務運営等に具体的に反映されることが重要であり、その目的に沿って運用され、定着しているかを十分に検証する。

　企業が不祥事の発生を受けて、再発防止策を策定することは当然の作業として行うところであるし、それが実効性のあるものであることもまた、いわれるまでもないところであり、一見、当たり前のことを述べただけのように読める部分である。

　しかしながら、すでに述べたとおり、このプリンシプル①で、徹底した企業風土にも及ぶ原因の解明を要求していることとセットで読むと、意味が変わってくるのである。

　すなわち、不正が起きた原因について、企業風土に何らかの問題があったとの指摘をしたとしよう。

　企業風土の創出は、経営者の責任である。つまり、企業風土に問題があったと報告する（あるいは、第三者委員会に指摘される）ということは、経営陣に問題があったと述べているのとイコールなのである。

　とすれば、「根本的な原因に即した実効性の高い方策」という言葉は、「表面的な現象や因果関係の列挙にとどまることなく」という言葉と結びつき、「表面的な対策や、因果関係を改善しただけの対策は実効性のある方策ではない」という結論を導くことになる。

　はっきりいえば、企業風土に問題があったとされた企業においては、基本的に、経営者の交代を念頭に置かねばならないということである。

　当該経営者が、その企業風土の作出に関わっていて、その企業風土に問題があると指摘された場合、同じ経営者が異なる企業風土をつくり出すというのは、不可能である。

　ということは、

> 原因分析においては、企業風土や組織文化までさかのぼった検証が必要である

| 企業文化や組織文化に原因があるとすれば、経営者の責任である |

| 再発防止策は、根本的な原因に即した実効性があるものが必要である |

| 同じ経営者のまま、企業文化を変えるのは困難である |

| 経営者の交代こそが、実効性のある再発防止策である |

というロジックが見えているのである。

　一見、当たり前のことを個別に書いているように見えるプリンシプルであるが、相互に組み合わせて読むことで、不祥事を起こした企業に対し、経営陣の交代も視野に入れた対応を迫ることによって、企業経営者が日ごろから不祥事防止のためのコストをかけることを暗に要求しているのである。

④　迅速かつ的確な情報開示

　不祥事に関する情報開示は、その必要に即し、把握の段階から再発防止策実施の段階に至るまで迅速かつ的確に行う。
　この際、経緯や事案の内容、会社の見解等を丁寧に説明するなど、透明性の確保に努める。

　このプリンシプルで特筆すべきなのは、情報開示すべきステージにつ

いて、「再発防止策実施の段階に至るまで」としたことである。

　上場企業においては、適時開示についての配慮はおおむね良好になされているというのが筆者の印象であり、不祥事の把握やその調査の実施、調査結果の公表までは、おおむね適時に開示されているといえる。

　しかしながら、調査結果を受けて再発防止策を策定し、これを公表したところで、従来は、「後は、企業自身ががんばって実施することなので、皆さんに特にお知らせする必要はない」という暗黙の理解のもと、その再発防止策の実施状況や実施した結果についての情報共有は企業の自主性に任せられ、現実にはほとんどといっていいほど、そのような経過の報告をしている企業は存在しなかった。

　理由は、明白である。早く忘れてほしいのである。

　企業としては、不祥事が発生したことによるレピュテーションリスクを早期に払しょくしたいという思いがあるのは当然であり、いつまでも不祥事に関するリリースを行っていると、いつまでたってもホームページからその不祥事に関する情報が消えないし、ネット検索でも引っかかり続けるので、なるべく、不祥事の清算感を出しつつ、世間からいかに早く忘れてもらうか、ということに腐心してきたのである。

　そのような企業の態度を受け、自主規制法人は、再発防止策の実施状況、すなわちその後の経過についても、適切な開示の継続を要求し、さらに「会社の見解等を丁寧に説明する」ことまで要求したのである。

　この短い文章には、これまでの企業が暗黙の了解で行ってきた「忘れられる技術」を根底から否定し、むしろ、世間に忘れさせないことをねらったものであるといえる。

　そして、その再発防止策については、すでに述べたとおり、その実効性のあるものが要求されていることからすると、単に実施状況を公表するのみならず、再発防止策の効果の検証までも要求していると読める。

　だとすれば、再発防止策を実施してみたものの、効果が検証できないとか、説明がわかりにくい場合は、別の防止策の策定も追加で要求される余地があるということである。

3 まとめ

　以上述べたとおり、このプリンシプルは、一見、当たり前のことを記載しただけのように見えるが、きちんと読み込み、そして相互のプリンシプルが極めて計算高く関連付けられていることに気づけば、不祥事を起こした企業にとっては、経営者交代を含む大きな代償を払うことになること、そして長期間にわたり、市場に説明を継続し続けなければならないことが理解できよう。

　筆者は、このプリンシプルを、自主規制法人が経営陣に突き付けた「ダモクレスの剣」であると理解している。

解説編

第2 不正調査と業務執行権

1　不正調査の実施根拠

　企業内で不正や不祥事の端緒が発見されると、経営陣や幹部から、「すぐに調査しろ」「事実関係を確認しろ」などという指示が出るのが一般的であろう。
　しかし、そもそも、「なぜ、このような調査や事実関係の確認行為をすることができるのか」という根本的なところについて、きちんと整理していないまま行っている企業は意外に多いのではないか。
　警察のような捜査権もないのに、なぜヒアリングを行うことができるのか、なぜメールを調査することができるのか、あるいは私物の携帯電話を仕事に使用していたような場合にその提出を求めることができるのかなど、調査といえど、どこまでのことをやってよいのかわからないままに行うと、本来許されないことまでやってしまい、不当な不正調査に対する制裁を逆に受けてしまいかねない。
　よって、本項では、そもそものブレてはいけない軸としての不正調査の実施根拠について明確にする。

2　企業の調査権の根拠は業務執行権

　企業が、自社の業務執行の範囲において発生した不正や不祥事に関す

る調査を行うことができる根拠について、これを定めた法令はない。

　一般的に、組織が業務執行を行うにあたって、適正な業務執行を実現するためには、本来的に、組織内の秩序を維持するための権限が内包されていると考えられており、法令の定めによるものではなく、組織体である以上、当然の前提として、業務執行の一環としての秩序維持権があるという理解がされている。

　これについて、明確に述べた裁判例が、いわゆる富士重工事件（最判昭和52・12・13民集31巻7号1037頁）である。

　同判決では、「そもそも、企業秩序は、企業の存立と事業の円滑な運営の維持のために必要不可欠なものであり、企業は、この企業秩序を維持確保するため、これに必要な諸事項を規則をもって一般的に定め、あるいは具体的に労働者に指示、命令することができ、また、企業秩序に違反する行為があった場合には、その違反行為の内容、態様、程度等を明らかにして、乱された企業秩序の回復に必要な業務上の指示、命令を発し、又は違反者に対し制裁として懲戒処分を行うため、事実関係の調査をすることができることは、当然のことといわなければならない」として、企業秩序を維持するための権限、そして企業秩序維持権を適切に行使するための調査行為は、当然にできることとした。

　以上のとおり、企業が業務執行の一環として行う、企業秩序維持としての調査には、法令の定めや定款、あるいは規則の定めなどはまったく必要なく、特別な手続なども必要がないといえる。

　筆者は、捜査権を有する検察官検事の立場にあったことがあるが、強大な捜査権限をもつように見える検察官検事といえど（たとえば、検察庁法6条1項では、「検察官は、いかなる犯罪についても捜査をすることができる。」と定めており、他の第1次捜査権を有する捜査機関のように、捜査できる犯罪の種類に限定がない）行使できる捜査権の範囲は法定され、また、強制捜査を行う際には裁判所の令状審査が必要とされるなどの厳しい制約がある。

　これに比べ、企業の秩序維持権に基づく調査行為は、業務執行者の命

解説編

令1つで原則として自由に行使することができ、会社所有物であれば従業員の意思を無視してこれを調査することができるなど、極めて強大な権限があるといえる。

3 従業員の調査協力義務

　これまで述べたとおり、企業の秩序維持権の行使として行われる調査は極めて強大な権限であるが、かかる権限があるからといって、従業員の側が企業の調査に応じる義務があるかどうかは別問題である。

　すなわち、調査を行う権限があるかどうかのレベルと、その権限行使の過程で調査対象となる従業員らが調査に応じる義務があるかどうかのレベルは分けて考えることが必要とされている。

　その違いは、従業員が調査協力をした場合、および拒んだ場合の効果として現れる。

　すなわち、そもそも調査を行う権限がない場合は、たとえ従業員が任意に協力したとしても、調査権限がない以上、その調査行為自体無効となる。よって、調査を行う権限があるかどうかのレベルは、そもそも調査が有効かどうか、調査結果を法的に使えるかどうかの効果として現れることになる。

　これに対し、調査行為は行うことができるが、従業員に協力義務がない場合は、もし、企業が調査協力を求めたことに対して従業員がこれを拒んだとしても、企業はその従業員に対して何らの制裁を加えることができない。

　裏を返せば、従業員に調査協力義務が生じるような場合は、もし、従業員が正当な理由なく協力を拒んだ場合、その協力拒否行為自体を会社の命令違反として、懲戒処分とすることが可能となる。

　調査の際に、「あなたには、本当のことを会社に報告する義務がありますので、虚偽の報告をすると、制裁がありますよ」というようなことを言っていいのは、どのような場合か、おわかりであろう。

第2　不正調査と業務執行権

　真実にたどり着くためには従業員の協力が不可欠であるが、その熱意が上回るあまり、調査協力義務がないのに上記のようなプレッシャーをかけてしまうと、それ自体が従業員に対する不当な行為となり、会社にとって不利な結果となることがあるので、慎重な判断が必要である。

　では、どのような場合に、調査権行使のみならず、調査協力義務があるのか。これについても、先に紹介した富士重工事件の最高裁判決が明示している。

　同判決では、「しかしながら、企業が右のように企業秩序違反事件について調査をすることができるということから直ちに、労働者が、これに対応して、いつ、いかなる場合にも、当然に、企業の行う右調査に協力すべき義務を負っているものと解することはできない。けだし、労働者は、労働契約を締結して企業に雇用されることによって、企業に対し、労務提供義務を負うとともに、これに付随して、企業秩序遵守義務その他の義務を負うが、企業の一般的な支配に服するものということはできないからである。そして、右の観点に立って考えれば、当該労働者が他の労働者に対する指導、監督ないし企業秩序の維持などを職責とする者であって、右調査に協力することがその職務の内容となっている場合には、右調査に協力することは労働契約上の基本的義務である労務提供義務の履行そのものであるから、右調査に協力すべき義務を負うものといわなければならないが、右以外の場合には、調査対象である違反行為の性質、内容、当該労働者の右違反行為見聞の機会と職務執行との関連性、より適切な調査方法の有無等諸般の事情から総合的に判断して、右調査に協力することが労務提供義務を履行する上で必要かつ合理的であると認められない限り、右調査協力義務を負うことはないものと解するが、相当である」とした。

　すなわち
① 　秩序維持権行使としての調査であっても、当然には従業員の調査協力義務は発生しない。
② 　従業員に調査協力義務があるのは、次の2つである。

解説編

　　イ　調査協力が労働契約上の義務になっている場合

　　　たとえば、管理職のような、企業秩序維持が職責となっている者などの場合である。

　　ロ　調査協力が労働提供義務の履行上、必要かつ合理的な場合

　　　考慮要素として、「調査対象である違反行為の性質、内容、当該労働者の右違反行為見聞の機会と職務執行との関連性、より適切な調査方法の有無等諸般の事情」を挙げている。

という判断をしたものである。

　これによれば、企業秩序維持のための調査といえど、従業員に調査協力を義務付けることができるかどうかについては、個別具体的に検討することが必要であり、十把一絡げにすることは許されないことになる。

　たとえば、全社一斉の調査を行うとしても、「この調査には、全員が協力する義務がある」という指示を出すことは不適切ということになるし、仮に精神的な意味でそのような書面を出したとしても法的な効力はなく、協力拒否行為に対する対応は個別に判断せざるを得ない。

　さらに発展させると、上記①を前提に、あらかじめ就業規則で「すべての従業員に調査協力義務がある」という規定を置いた場合や、従業員ら全員から個別に「調査に協力いたします」という誓約書を提出させた場合、調査協力義務が肯定できるかという問題もある。

　かかる就業規則の規定や誓約書を提出させる行為について、一般的に無効となるものではないが、これだけを根拠に調査協力を拒んだ従業員を無条件に処分できるかといえば、先の最高裁判例に抵触するものといえるので、はやり、個別具体的な事案ごとに調査協力義務の有無やその違反の程度を判断し、その効果（処分するかどうか）についても、個別に妥当性を判断せざるを得ないと思われる。

　調査協力義務違反が問題になるのは、調査開始時というよりも調査中盤以降であると思われるので、個別の問題が生じた場合、早めに労働法に詳しい弁護士や不正調査専門の弁護士に相談し、判断を仰ぐべきであろう。

4 業務執行できない範囲は調査不可能

これまで見たように、企業の調査行為の正当性は、

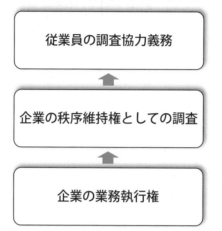

というように、企業秩序維持権、業務執行権の関係が、親亀・子亀の関係にあるといえる。

したがって、そもそもの出発点である、業務執行権が及ばない範囲の事柄については、企業自身にいかなる調査権も発生しないといえる。

ところが、調査を進めていくうちに、この業務執行権の範囲を逸脱してしまうことが起こり得る。

次項では、企業が調査を行ううえで直面しがちな業務執行権の範囲の問題の具体的な場面の検討、そして、調査行為の中核をなすヒアリングと証拠の収集活動について、その限界を論じていく。

解説編

第3 不正調査の対象

　企業が従業員について不正の疑いをもった場合、業務執行権の及ぶ範囲については広く強大な調査ができることはすでに述べた。

　しかしながら、それはあくまで業務執行権が及んでいることが前提であるところ、調査の対象となる従業員は、社員としての身分と私人としての身分を併有するわけであるから、企業としては業務執行権の範囲内だと思って調査を進めていたところ、途中で私人としての領域に足を踏み入れてしまう可能性を常に含んでいる。

　この項では、企業の業務執行としての調査において、問題となり得る私人としての領域との境目の問題について、いくつか検討を加えることとする。

1　思想・信条の調査

　かつて、学生運動華やかなりしころ、就職の際に特定の思想団体に入っているかの調査が行われ、その調査行為の有効性について裁判闘争となった事例が多くあった。

　最も有名な事例が、三菱樹脂事件（最大判昭和48・12・12民集27巻11号1536頁）である。

　同判決は、「憲法は、思想、信条の自由や法の下の平等を保障すると同時に、他方、22条、29条等において、財産権の行使、営業その他広く経済活動の自由をも基本的人権として保障している。それゆえ、企業者

は、かような経済活動の一環としてする契約締結の自由を有し、自己の営業のために労働者を雇傭（原文ママ）するにあたり、いかなる者を雇い入れるか、いかなる条件でこれを雇うかについて、法律その他による特別の制限がない限り、原則として自由にこれを決定することができるのであつて、<u>企業者が特定の思想、信条を有する者をそのゆえをもつて雇い入れることを拒んでも、それを当然に違法とすることはできないのである。</u>」「企業者が雇傭の自由を有し、思想、信条を理由として雇入れを拒んでもこれを目して違法とすることができない以上、<u>企業者が、労働者の採否決定にあたり、労働者の思想、信条を調査し、そのためその者からこれに関連する事項についての申告を求めることも、これを法律上禁止された違法行為とすべき理由はない</u>」（下線、筆者）と判断した。

　すなわち、企業の業務執行、秩序維持の前提として、誰を会社に招き入れるかは重要であるとして、会社の構成員として適切かどうかについての調査をすることができ、その調査の一環として、特定の思想の有無などを調査することは不合理ではないとしたものである。

　よって、雇用決定時の思想・信条の調査は、会社の業務執行権の範囲内ということができる。

　他方、すでに雇い入れてしまった従業員については、同判決は、「企業者は、労働者の雇入れそのものについては、広い範囲の自由を有するけれども、いつたん労働者を雇い入れ、その者に雇傭関係上の一定の地位を与えた後においては、その地位を一方的に奪うことにつき、雇入れの場合のような広い範囲の自由を有するものではない。労働基準法３条は、前記のように、労働者の労働条件について信条による差別取扱を禁じているが、特定の信条を有することを解雇の理由として定めることも、右にいう労働条件に関する差別取扱として、右規定に違反するものと解される。このことは、法が、企業者の雇傭の自由について雇入れの段階と雇入れ後の段階との間に区別を設け、前者については企業者の自由を広く認める反面、後者については、当該労働者の既得の地位と利益を重視して、その保護のために、一定の限度で企業者の解雇の自由に制

解　説　編

約を課すべきであるとする態度をとつていることを示すものといえる」と判断し、雇用時とは異なり、調査行為のみならず、調査結果に基づく処分については、高度の合理性が必要であることを示した。

　よって、当該思想を有していること自体が、会社の秩序維持や当該不正行為との関係で密接に関係があるなどの特別な事情がないかぎり、思想を理由とした調査や処分は無効とされる可能性が高い。

　思想を狙い撃ちしたと見られるような調査活動は避けるべきであり、具体的な業務や労働提供義務との関係において、あるいは具体的な企業秩序維持への脅威の有無などを根拠とした調査を行うなどの配慮が必要である。

　なお、反社会的勢力への所属の調査は、一面、本人の思想に関係する問題に見えるが、反社会的勢力との決別を表明している企業にとっては、企業秩序維持にとって重要な事柄であるから、これを調査することは違法ではない。

2　交友関係の調査

　企業の調査権が、業務執行権の範囲内である以上、従業員の個人的な交友関係のような、個人的・私的領域へ業務執行権が及ぶことは、原則としては否定されるというべきである。

　すなわち、個々の従業員が、誰と友人関係にあり、誰と先輩後輩の関係にあり、休日に会うことがあるのかどうか、交際しているのか、あるいは離別したのかなど、ゴシップとしては興味がわくことでも、会社の業務執行たる権限行使や調査行為としてこれらについて調査をすることは、業務執行権の範囲を逸脱しており、不法行為を構成するものといえる。

　しかしながら、近時、業務執行と密接に関連し得る交友関係の問題が発生している。

　ここでは、どの会社でも発生しがちな、SNSの利用と社内恋愛の問題

について検討する。

1　SNSへの調査

(1)　調査の必要性

　総務省平成27年度版情報通信白書によれば、最近約1年以内に利用した経験のあるSNSとして、LINE（37.5%）、Facebook（35.3%）、Twitter（31.0%）の順となり、年代別でみると、Facebookについては20代以下で約5割、30代と40代で4割弱、LINEについては20代以下では6割以上となっている。

　このように、20代・30代の社員を中心に、SNSの利用率は5割を超えている現状にあるところ、実名利用がゆえに不適切な投稿がなされた場合、そのSNSの世界の中で個人の特定がなされ、批判や誹謗中傷がなされるなどの風評が発生する状態になり（いわゆる、「炎上」と呼ばれる状態）、挙句の果てには、その個人が勤める企業や学校まで特定されてSNS内で風評が広がり、企業自身が社会に対して謝罪をしたり、当該従業員を処分するなどの事態に追い込まれる事件が、2012年ころから多発するようになった。

　かような現状を前提とするかぎり、個人的な利用の性質が強いSNSといえども、業務執行に関わる問題に発展しかねないため、調査の対象とできないかについて検討が必要である。

　なお、実際のSNS炎上事件発生の際の初期対応については、後半の「事例編」で詳述する。

(2)　企業によるSNS利用規制は有効か

　数々の他企業の炎上事件を警戒し、また、過去に自社で炎上事件を起こしたような企業においては、そもそも、従業員のSNS利用を禁止したり、あるいは上司の許可制にするなどの制限を加えることを検討しているところは少なくない。

　このような規制を就業規則に設けたり、従業員個別に誓約書を出させたりなどして義務付けるなどした場合、法的に有効といえるか。具体的

解　説　編

には規則に違反してSNSを利用しているかを調査することができるかが問題となる。

　思うに、企業によって事情はさまざまであり、高度な顧客秘密を扱うような企業では、たとえ批判されようとも従業員のSNSを利用制限しているということを謳うことで、企業としての信頼が高まる場合もあるので、かような措置を講じること自体にそれなりの合理性があるのであれば、ただちに規制行為が無効となるものではないと考える。

　あくまで、企業の宣伝広告活動の範囲内であり、就業規則の変更や誓約書の提出は、従業員が真に同意しているかぎり、ただちに公序良俗に反するとはいえない。

　よって、そのような規則や誓約書の遵守状況を確認するために調査を行うことは、業務執行の範囲内ということができる。

(3)　規制違反者の処分

　しかしながら、規制や調査が行えるということと、違反行為に対して懲罰ができるかどうかは、別問題である。

　本質的に私的領域の問題であるにもかかわらず、これに対する業務執行を及ぼすことができるのは、結局は私的領域と業務執行に接点が生じることがあり、これによって業務執行や企業秩序維持が害されるからという背景があるからである。

　だとすれば、およそ企業の業務執行や秩序維持とはまったく関係のない内容の投稿（今日の昼食、通勤途中のきれいな花の写真など）をしたことで、規則や誓約書違反であるとして処分を行うことは、処分の合理性を欠き無効となる。

(4)　結　論

　以上から、企業自身の事情によって、従業員のSNS利用について調査し、違反者を処分することができるかどうかは、

　①　従業員のSNS利用について、規制をする必要性・合理性の存在
　②　①と規制態様のバランス
　③　規制違反の有無を調べる限度での調査行為か

④ ③で違反が見つかった場合でも、改めて企業の業務執行、企業秩序維持の観点から、処分が正当化できるか

という観点から、検討する必要がある。

2　社内恋愛、社内不倫

　知り合ったきっかけ、関係が生じたきっかけが、業務執行の範囲たる会社内であったとしても、交際の事実や交友の事実については、個人的領域の問題であることについては、おそらく異論のないところであろう。

　しかしながら、実際の不正調査の場面では、その背景に感情のもつれが潜んでいることが多く、適正な調査活動の中であっても交友関係の解明が必要になることは少なくない。

　これも、個別具体的に検討を行い、調査にとって必要かつ合理的である場合は、交友関係解明のための調査、具体的には、電子メールの調査、パソコンのデータ調査、会社貸与携帯電話の通話履歴やメール履歴、周囲の物からのヒアリングなどをすることができる。具体的には次のような場合がある。

(1) 動機の解明

　筆者の経験でも、多額の不正発注、キックバック事案の背景・動機として、発注権限者と経理担当社員が不倫関係にあり、両者が結託して不正な経理処理をしていた事案や、巨額循環取引事件の背景に、首謀者が、海外にいる愛人とその子供の生活費のためにキックバックを得る目的があった事案など、事件の影に男女のもつれや感情が潜んでいることは珍しいことではない。

　このような、事案の現象の解明のみならず、動機や背景の解明は、事件の規模、調査手法の妥当性、再発防止策の検討のために必要であるので、調査の範囲に含まれると考えてよい。

解説編

(2) セクシャルハラスメント・パワーハラスメント（以下「セクハラ」「パワハラ」という）の背景

過去、社内において上司と部下が不倫関係にあり、その関係がもつれたために女性が退社し、その後、不倫関係自体をセクハラとして訴えた訴訟で、男性側、会社側が敗訴した事案がある。すなわち、立場を利用して強要されたものであるとの主張が認容されたのである。

この事案では、男性側から、女性との親密な関係を示す証拠が多数裁判所に提出されたが、裁判所は、「それも含めて関係を拒めなかった」との女性の言い分を採用し、男性は慰謝料の支払に加え、会社では降格、家庭は離婚するに至った。

このように、社内における不倫は、単なる倫理上あるいは当該当事者間だけの問題ではなく、セクハラ・パワハラに発展しかねない重要なものでもある。

したがって、会社としては、ハラスメントの火種となりかねない問題について、情報を収集すること自体は、業務執行の範囲内といえよう。

ただし、実際には、「不倫してますか」などという質問に対して正直に回答する者はいないと思われるので、手法としては、

① 情報管理の監査として、個人的な用件でのメールのやりとりをチェックする
② パワハラ・セクハラの疑いがある情報の通報を求める
③ 公私混同の疑いのある情報の通報を求める

というような形式での調査、情報収集を行うことが可能であろう。

3 疾病調査

従業員が病気にかかっているかどうかの調査である。

従業員の疾病情報は、高度な個人情報であり、原則としては企業が調査を行うことは不適切である。

しかしながら、やはり、業務執行との関係で必要性・合理性がある場

合は、例外的に調査可能となることがある。

たとえば、

① 伝染性のある疾病かどうか

伝染性のあるもの（たとえば、インフルエンザなど）に罹患した場合は、報告を求めるなど。

② 伝染力の強さ、経路

いわゆる飛沫感染するものなのか。

③ 業　種

飲食業、BtoC業態など、企業の信用や安全に対する風評への影響などを総合的に考慮することになる。

裁判例では、HIV感染者解雇訴訟（東京地判平成7・3・30判例タイムズ876号122頁）をはじめ、HIV感染を理由とした解雇や退職勧奨について、すべて違法とされている。

これは、HIVの感染力や感染経路、業務との関連性や解雇以外の方法の検討などを総合的に考慮されたものであり、重要である。

よって、業務執行との関係で、必要性・合理性があるのかについて個別に検討し、高度な個人情報であることに配慮した運営と、これに付随する調査を心がけるべきである。

4　派遣社員に対する調査

1　派遣社員に対する調査の可否

膨大な情報漏えいが発生したベネッセコーポレーションによる情報漏えい事件で、情報漏えい者は、派遣社員であった。

派遣社員に業務の多くを委託している企業は多く、今後、労働人口の減少により、派遣社員への依存を高める企業も増えることが予想されるが、では、企業は不正行為者が派遣社員の可能性がある場合に、同人を調査対象とすることができるかという問題がある。

解　説　編

　結論としては、「派遣元との契約内容による」ということになる。
　いうまでもなく、派遣社員を雇用しているのは、派遣元の派遣会社であって、派遣先の企業ではない。
　各企業も、この点を意識して、雇用関係が生じていると評価されないように、業務の指示はするが指揮命令関係があると解釈されないための方策をとっていると思われるが、調査行為についても同様である。
　すなわち、調査権が業務執行権に付随する以上、雇用関係にない者について調査をすることは原則許されず、派遣契約において不祥事発生時の調査権について定めがなければ、原則として、派遣会社が調査権を有しており、派遣先の企業は調査をすることができない。
　これは、調査協力義務があるかどうかの問題ではなく、雇用関係にない赤の他人である以上、調査自体ができないということである。
　この点を理解せず、派遣元の了解を得ずに調査を行った場合は、派遣元に対する契約違反を構成することになるので、留意が必要である。
　これに対し、あらかじめ、契約書で業務執行上必要な調査をすることができると定められている場合は、その契約に基づき派遣社員に対して派遣先が調査をすることができる。

2　どのように調査を進めるか

　派遣社員に関する調査の取り決めがない場合、次のような手順で調査をすることになる。
①　前提として、派遣社員を調査対象として調査を実施することはできない。
②　自社従業員を対象とした調査を進めるうちに、当該派遣社員を対象にせざるを得ない必要性が出てくる。
③　派遣元に対し、調査協力を要請する。あるいは、調査を委託する。
④　派遣元が、派遣社員に対し、調査への協力を要請し、承諾があれば派遣元の調査もしくは派遣先を調査対象とすることができる。

なお、派遣社員に貸与しているパソコンや携帯などの会社所有物については、会社はいつでもこれを引き上げることができるので、派遣社員に貸与していたものであってもこれを調査することができるのは当然である。

3　現実的な課題

以上のとおり、派遣社員については、原則として派遣元の協力がなければ調査対象とすることは困難である。

では、派遣元に協力を求めるという方法で調査を進めるほかないとして、そのようなやり方で進めてよいかどうかは、現実的な課題がある。

(1)　利益相反

まず、当該派遣社員について不正が発覚した場合、その派遣元は派遣先に対する使用者責任を負う場合がある（契約で排除していれば責任追及できない）。だとすれば、派遣元にしてみれば、調査に協力することは自社の責任を明らかにする作業とイコールであり、派遣元と派遣先の企業は、利益が相反する関係にある。

このような利益相反の関係にある派遣元企業に対し、調査の協力依頼や調査行為を委託したとしても、そもそも、その調査協力・調査行為に対して信頼ができるかについては、疑問があるといえる。

したがって、派遣元による調査協力・調査委託によって得られた調査結果についてはかなり眉唾物であり、重大な影響がある事実を発見できないリスクが潜んでいることを覚悟しなければならない。

(2)　重要な営業機密の開示

次に、派遣社員がどのような不正を行った疑いがあるかについて、派遣元に対し開示する必要がある。

すなわち、派遣元としても、派遣社員との関係では調査行為が業務執行上の必要性と合理性があることが必要であるから、派遣先においてどのような嫌疑がかけられており、どのようなエビデンスがあるかについて知らされなければ、調査協力のしようがない。

解説編

　しかし、自社で発生した不正の疑い自体、高度な機密性を有するし、また、個人情報の漏えいや営業機密に関わる問題であるとすれば、派遣元に開示すること自体、新たな漏えいリスクが発生することを意味する。

　とすれば、そもそも調査協力を求めたり、調査を委託する行為自体、不適切な場合があり得るということになる。

4　まとめ

　以上のとおり、これからの経済界において、派遣社員の活用は必要とされる環境にあるものの、不正の疑いが生じた場合には、調査の限界となる存在でもあることに留意しなければならない。

　現在、大手の派遣会社の使用するひな型の契約書では、不正発生時の調査行為については明記されておらず、派遣社員による不正の疑いが生じた場合の対応については、疑いのある派遣社員に対してかなり遠慮した調査しかできないのが実情であろう。

　派遣社員を受け入れる企業としては、コストが抑えられるという面のみならず、セキュリティ、ひいてはトラブル発生時の事実確認の困難性という要素も視野に入れた、適切な人員配置を心がける必要がある。

5　業務外の不正行為

　従業員が会社の業務以外の場や時間帯で不正を行った場合、会社としてこれを調査することができるかという問題がある。

　多くの企業で、従業員が有罪判決を受けたり、処罰を受けた場合には、懲戒することができるという規定を置いているので、当該従業員について有罪判決の確定があった場合に、その事実を調査することができることは当然である。

　そうではなく、まだ有罪判決などなされていない状態、たとえば、飲酒運転を起こして実名で報道されたような段階で、事実関係を調査する

ことができるかという問題である。

1　従業員の私生活上の不正と懲戒権

　従業員の私生活上の不正行為は、あくまで私生活上の行動である以上、会社の業務執行権の及ぶところではないというのが原則である。

　すなわち、同じ飲酒運転でも、社有車を使い業務として運転していた場合と、休日に自家用車を運転していた場合とでは、業務執行権の及ぶ範囲がまったく異なるといえる。

　ただし、私生活上の不正行為の存在により、当該会社において雇い続けることはできない、あるいは部署を移動させる、あるいは降格させるなどの必要性が生じることはある。

　たとえば、自分の担当した生徒と不倫関係に陥った学校教師について、そのまま教師としての立場を維持させることは組織としての目的を達成できないといえるし（大阪府教育委員会（池田高校）事件（大阪地判平成2・8・10判例タイムズ795号162頁））、鉄道会社の従業員が電車内での痴漢行為を繰り返したような場合、痴漢撲滅に取り組んでいる鉄道会社の従業員として会社に残すことは、企業として許容できないところであろう（小田急電鉄事件（東京高判平成15・12・11判例時報1853号145頁））。

　以上から、「会社の社会的評価に重大な悪影響を与えるような労働者の行為については、それが職務遂行と直接関係のない私生活上の行為として行われたものであっても、会社の規制を及ぼしうる。従業員の不名誉な行為が会社の体面を著しく汚したというためには、必ずしも具体的な業務阻害の結果や取引上の不利益の発生を必要とするものではないが、当該行為の性質、情状のほか、会社の事業の種類・態様・規模、会社の経済界に占める地位、経営方針及びその従業員の会社における地位・職種等諸般の事情から総合的に判断して、右行為により会社の社会的評価に及ぼす悪影響が相当重大であると客観的に評価される場合でなければならない」（日本鋼管事件（最判昭和49・3・15民集28巻2号265頁））

解 説 編

との判断基準が判例上確立している。

よって、
① 当該行為の性質・情状
② 会社の事業の種類・態様・規模、経済界での地位
③ 経営方針
④ 従業員の会社における地位や職種

などを総合的に考慮して、会社の社会的評価に及ぼす影響が相当重大である場合には、懲戒することが可能であるし、そのための調査を行うことは可能である。

2　具体的検討

(1)　飲酒運転

　酒造メーカーや自動車関連企業の場合、飲酒運転撲滅という世論においては、自社従業員から飲酒運転者が出ることは極めて重大な社会的評価の下落を招くことは明らかであるから、懲戒のための調査は可能であろう。

　これに対し、一般的な企業においては、たとえ勤務先が報道されたとしても、それだけで会社の社会的な評価が重大に下落したとはいえず、ただちに懲戒処分とすることは困難であろう。

　もっとも、事故を起こすなどして身体を拘束されている場合は、面会に行き、事情をヒアリングすることは、従業員の出社の見込みを判断するために必要であるとして、調査は可能である。

　また、飲酒運転が職場の忘年会の帰りに行われたなど、その前後において会社行事などが含まれていたような場合、そもそも、当該会社行事を開催するにあたっての飲酒の管理や通勤手段の管理の問題が含まれているため、当該行事の開催妥当性についての調査のため、ヒアリングすることは可能といえよう。

(2)　役員の不正

　一般に、会社役員の私生活上の不正については、株主に対する説明の

必要が発生するので、会社による調査が及ぶといえる。

　また、役員の不正は、一般に会社の社会的信用を下落させる重大な事態であるので、懲戒処分（取締役であれば、役員会による辞職勧告決議のためなど）をするための調査としても可能である。

(3) その他の不正

　その他の不正は、たとえ刑事法令に触れる行為であっても、就業規則との兼ね合いで個別判断するほかない。

　また、そもそも就業規則において、「有罪判決を受ける前でも懲戒することができる」というような規定を置けば、すべて解決できるかといえば、無罪推定を原則とする憲法、刑事訴訟法の下では、当該規定が無効とされる可能性が高く、よってその前提としての調査もできないと判断される可能性が高い。

　よって、私生活上の不正の疑いがある従業員については、社員として出勤できるのかどうかという観点で、任意のヒアリングをするくらいがせいぜいであり、下手に踏み込んで調査をして懲戒してしまい、後に不起訴処分となったような場合は、懲戒も調査も不法行為を構成すると判断されるおそれがあるので、冷静な対応が必要である。

解説編

第4 不正調査の手法（ヒアリングでやっていいこと、いけないこと）

　不正調査の手法として中核的なヒアリングについて、企業の行う調査として許される範囲、許されない範囲について、解説する。

　企業の行う調査行為について、これを定めた法令などはないため、過去の裁判例や捜査機関に対する法規制などを参照して、不当だとはいわれない限界を見極めていく必要がある。

　よって、本項で述べることは、何ら法で規定されていることではないものの、元捜査官としての、法律家としての筆者の感覚からくる限界論として理解していただきたいことを、最初に付言しておきたい。

1　ヒアリングの時間的論点

1　時間帯

　会社の業務執行としての調査を行うのであるから、業務執行の時間帯、すなわち従業員の勤務時間帯に実施するのが原則である。

　したがって、当該従業員に調査の協力を求めてヒアリングをする時間帯は、当該従業員の勤務時間帯に設定するのが原則である。

2　時間外手当、休日手当

　業務執行としてヒアリングをする以上、ヒアリングを受ける従業員も業務執行に応じるわけであって、私的に応じるわけではない。

だとすれば、ヒアリングを定時以外の時間帯で実施する場合や休日に実施する場合は、時間外手当や休日手当を支払うなど、通常の時間外勤務によって発生する企業の対応義務が生じることは当然である。

ところが、筆者の経験では、調査に応じることを業務だと認識せず、残業代を支払わずに時間外でのヒアリングをしている企業が意外に多い。

たとえ従業員に調査協力義務が生じる場合であっても、それは労働提供義務との関係で認められる義務であるから、当然、調査協力は労働提供と同視される義務であることに疑いはない。

よって、調査を行う企業としては、きちんとヒアリング対象者の勤務時間管理を行いながら調査を行うことが必要である。

3 内部告発者からのヒアリング

内部告発者からのヒアリングについて、時間外手当との関係では注意を要する。

すなわち、内部告発者は、自身が告発したという事実を公開したくないのが通常であるところ、内部告発者からのヒアリングは、その性質上、時間外に実施することが多いのが現実である。

そして、会社として内部通報制度を整備している場合はもちろん、制度がなくても会社の業務上の不正について報告をすることは業務であることに疑いはないので、内部告発者から時間外でヒアリングをすることは、内部告発者の時間外勤務に該当する。

しかしながら、この内部告発者からのヒアリング時間について、時間外勤務手当を発生させようとすると、当然、その者の上位者に出勤の事実、残業の事実が知られることになるので、何のための残業であったかについて、開示が必要になる可能性もある。

だとすれば、内部告発者からのヒアリングにおいては、内部告発者の希望を最優先する必要がある。

たとえば、内部告発者が、時間外手当が発生することで自分が告発者

解説編

であることを知られる可能性があるならこれを放棄すると述べた場合は、会社としては時間外手当を支給してはならない。

また、いずれ、ほとぼりが冷めたころに時間外手当がほしいという希望をした場合は、一通りの対応が終わった段階で手続をするなどの対応が必要である。

内部告発者の秘密保持と、時間外手当の支払義務、どちらが優先するかについて法の定めはないが、制度趣旨からすれば、いずれも労働者の権利であり、その選択に従うのが妥当である。

4　ヒアリング時間の限界

不正が重大であればあるほど、関係者からのヒアリング時間は長くなる傾向にある。

筆者らのような取り調べのプロが実施すれば、3時間ほどで聞き出せることも、ヒアリング作業に慣れていない人がヒアリングを実施すれば、あっという間に長時間にわたるヒアリングになっている場合がある。

時間外でのヒアリングについては時間外手当を支払うべきということを述べたが、では、手当さえ支払えば何時間でもヒアリングしてかまわないのかということが、ここの論点である。

この点についても、何時間が妥当という法の定めはないし、過去、ここが争点になった裁判例を筆者は知らない。

とはいえ、長時間のヒアリングにより、ヒアリングする側も、されている側も疲弊していくのは事実であるし、仮に不正への関与を否定していた者が、長時間のヒアリングを早く終わらせたい一心で安易に不正への関与を認めるような事態が発生すれば、人権侵害の問題があるのは当然のことであり、そもそも、真相にたどりつけないという重大な問題が発生することになる。

思い起こしていただきたいのは、企業の行う不正調査は個人的興味や好奇心を満たすために実施するものではないということである。

企業の説明責任を果たし、ステークホルダーに対し正しい情報を発信

するところに、業務執行としての正当性があるのであり、誤った情報を発信することは、かえって企業の社会的評価を下げることになる。

その観点からすれば、違法の問題が生じるかどうかも重要であるが、何よりも正しい情報が得られなくなるような手法を用いることは、厳に避けなければならない。

このような観点からすると、いたずらに長時間のヒアリングを実施した場合に得られる情報の正確性は、慎重に判断されなければならないというべきである。

では、実際に、連続して行うヒアリング時間に限界はあるか。

筆者は、適宜休憩をはさむことを条件に、1日に8時間を上限として設定しておくべきであると考えている。

この8時間という数字の根拠としては、警察庁が平成20年に出した「警察捜査における取調べ適正化指針」において、「休憩時間等を除き、1日当たり8時間を超えて取調べを行おうとする場合」には、警察署長の事前承認が必要と定めていることを参照している。

あくまで、警察官の取り調べに関する適正化方針ではあるが、その背景にある、長時間のヒアリングが供述内容の信ぴょう性に与える影響は、企業の行うヒアリングと大差ないというべきであることから、原則として1日8時間を超えることは避けるべきであろう。

もちろん、後述するカルテルのように時間との勝負となる事案もあり、1日のヒアリング時間に制限を加えていられないものも存在するのも事実である。

もっとも、そのような例外的な事例は、まさに自社で実施する調査の限界を超えているというべきであり、早急に調査を外部の専門弁護士に委託するべきである。

5 宿泊を伴うヒアリング

長時間のヒアリングがだめなら、連日ヒアリングを実施することで対応することになるが、その対象者の居住地がヒアリング場所から離れて

解説編

いるような場合など、ヒアリング場所近くで宿泊させるほうが便宜な場合がある。

　対象者が地方の営業所勤務であり居住地も営業所所在地方であったり、海外拠点の調査のため海外拠点勤務者を帰国させるような場合など、調査のためのヒアリングには、宿泊を伴わせる場合も意外に多い。

　しかしながら、会社の用意した宿泊場所に宿泊することを強要することは、実質的に行動を制約したことになりかねず、勤務時間外であるにもかかわらず、会社の監視下に置く行為を正当化することは、困難である。

　よって、
① 　ヒアリング対象者の真摯な同意
② 　帰宅させることができない客観的事情の有無
③ 　家族への連絡手段の確保など、行動制約の要素を低減させる方策の有無

などを総合的に考慮して、宿泊を伴う場合の必要性、合理性判断が必要となる。

2　ヒアリングの場所的論点

　ヒアリングを実施する場所について、業務執行の一環である以上、社屋内で実施するのが相当である。

　しかしながら、調査の初期段階では、調査を行っていること自体を秘密にする必要があるし、あるいは被害者的立場、内部告発者的立場、被疑者的立場のそれぞれの立場に立ってみると、会社からヒアリングを受けているという事実を他の従業員に知られること自体を望まない場合が多いといえる。

　また、不適切な場所でヒアリングを実施した場合は、そのヒアリング自体は不法行為を構成すると主張されるおそれがあるうえ、正直な話ができなくなり、真相解明に至らないというリスクがある。

よって、社屋内でヒアリングするとしても、
① ヒアリング場所への出入りが、他の従業員に知られない場所
② ヒアリング中に他の従業員が誤って入室する可能性がないこと
③ その他、ヒアリングの事実が、不必要に他の従業員に知られる可能性がないこと

という要件を満たしている場所を用意する必要がある。

たとえば、打ち合わせで使用する会議室などは、会議室利用について予約が必要であったり、他の従業員が会議室に誤って入室する可能性があり、また、役員室ではその出入りが秘書など他の従業員の知るところとなる。

以上から、社屋内でのヒアリングを基本としつつも、プライバシーに配慮した場所を用意すべきである。

そして、社屋の構造上、適切な場所が確保できない場合は、社外での実施を検討するべきである。

これもまた、ヒアリング実施の事実が他の従業員に知られることがない場所を確保するべきであるが、代表的なのは、貸し会議室、ホテルの一室などである。

もちろん、業務としての実施である以上、ヒアリング場所までの交通費が発生する場合は、会社が負担すべきであることは、時間外手当の問題と同様である。

3 秘密録音の可否

1 秘密録音の必要性

秘密録音とは、こちらが会話を録音している事実を相手に知らせない状態で録音を行うことをいう。

イメージとして、コソコソしていることから、秘密録音については否定的に理解している企業は少なくない。

解説編

しかしながら、秘密録音には次の必要性がある。

(1) 証拠としての価値の高さ

通常、ヒアリングを実施した場合、その結果については報告書にまとめることが多いが、そのまとめ方は要旨を記載するのが通常であり、重要な事実を書き漏らすリスクがある。

また、ヒアリング当時は不正の事実を認めていたのに、後にこれを覆す供述になった場合、どちらの供述を信用すべきかの判断において、当初の供述状況がリアルに証明できることは、極めて有用である。

(2) 相手も録音している

警察での取り調べ状況をこっそり録音して、これを公開する事例が増えているが、最近はヒアリングの対象者のほうが、自衛の目的でこっそり録音する例が増えている。

録音機器も多様化しており、一見して録音機に見えないものも安価で多種販売されている。

このような情勢では、むしろ、ヒアリング相手もこっそり録音しているということを前提にヒアリングを実施すべきであり、表現は悪いが「武器対等」の状態にするためにも、秘密録音は必要である。

2　秘密録音の合法性

裁判例では、秘密録音については証拠としての効力を有効と判断している例が多い。

リーディングケースとなっている東京高裁昭和52年7月15日判決（判例時報867号60頁）は、「民事訴訟法は、いわゆる証拠能力に関しては何ら規定するところがなく、当事者が挙証の用に供する証拠は、一般的に証拠価値はともかく、その証拠能力はこれを肯定すべきものと解すべきことはいうまでもないところであるが、その証拠が、著しく反社会的な手段を用いて、人の精神的肉体的自由を拘束する等の人格権侵害を伴う方法によつて採集されたものであるときは、それ自体違法の評価を受け、その証拠能力を否定されてもやむを得ないものというべきであ

る。」「そして話者の同意なくしてなされた録音テープは、通常話者の一般的人格権の侵害となり得ることは明らかであるから、その証拠能力の適否の判定に当つては、その録音の手段方法が著しく反社会的と認められるか否かを基準とすべきものと解するのが相当であ」るとした。

　この表現だけだと、秘密録音自体、人格権侵害であるとしているように見えるが、この判断には続きがあり、「これを本件についてみるに、右録音は、酒席におけるＡらの発言供述を、単に同人ら不知の間に録取したものであるにとどまり、いまだ同人らの人格権を著しく反社会的な手段方法で侵害したものということはできないから、右録音テープは、証拠能力を有するものと認めるべきである」としているのである。

　すなわち、プライベートな場である酒席において、こっそり録音した行為であっても、いまだ人格権の侵害には当たらないとして、証拠能力を肯定したのである。

　だとすれば、勤務時間内においてヒアリングを実施している場合は、ヒアリングに応じることで情報を会社に提供していることを認識しているのであり、通常の方法で行われるヒアリングを秘密録音したものについては、証拠能力があると判断されることは間違いないといえよう。

　また、秘密録音が、個人情報の保護に関する法律(以下「個人情報保護法」という)に抵触する情報収集ではないかとの疑問については、次のとおり、合法といえる。

(1) 個人情報保護法17条との関係

　個人情報保護法17条は、「個人情報取扱事業者は、偽りその他不正の手段により個人情報を取得してはならない」と定めているところ、この不正の手段とは、

　　・録音の必要性・合理性がない(常時録音など)
　　・虚偽の事実を告げる(「録音していない」と述べて録音する)
　　・公序良俗に反する手法での録音

をいう。

　よって、単に、録音の事実を告げないだけであれば、「不正」ではな

解説編

い。

　なお、経済産業省の見解も、録音を告げない方法による録音はこれに該当しないとしている（http://www.meti.go.jp/policy/it_policy/privacy/q&a.htm）。

(2) 個人情報保護法18条との関係

　個人情報保護法18条は、「個人情報取扱事業者は、個人情報を取得した場合は、あらかじめその利用目的を公表している場合を除き、速やかに、その利用目的を、本人に通知し、又は公表しなければならない」と定めており、秘密録音はこれに違反するのではないかとの疑念をもつ方がいる。

　しかし、業務執行権としての調査であることはすでに告げており、そのうえで会社の調査に応じて情報提供しているのであるから、情報を提供するということ自体の目的はすでに通知されている状態であり、その記録の方法を告げていないだけであるから、調査に用いるという利用目的は告げており、同条項に反しない。

(3)「録音していませんか」と聞かれた場合

　以上を前提に、聞かれなければ告げる必要はないが、聞かれたのに虚偽の事実、すなわち録音をしていないと告げてこっそり録音すると、仮に録音していたという事実が発覚すれば違法な行為となるし、また、その録音データを公式に使うことができなくなる。

　したがって、録音の事実を確認された場合は、うそをつかずに録音をするということを告げる必要がある。

　では、本人が録音を嫌がった場合はどうするか。

　この場合、会社は業務執行として行う以上、どのように調査を進めるかは基本的に会社の裁量があるので、録音という方法で記録を残すという判断をした以上、対象者が嫌がっても、これを録音することは可能である。

　もちろん、対象者が録音を嫌がっているのに、録音をすると告げて、目の前に録音機を置いたとすれば、対象者は何も語らなくなる可能性が

ある。

しかし、これは、録音という手法の問題ではなく、調査協力義務が対象者にあるかどうかの問題として整理すべきである。

すなわち、対象者に調査協力義務が認められるような事案において、対象者が録音を理由に供述を拒んだ場合は、協力義務違反として懲戒処分の対象とすることができる。

4　不当なヒアリング手法（脅迫）

1　脅迫的手法の禁止

ヒアリングにおいて、調査協力義務がある対象者に対し、「あなたには会社に真実を申告する義務がある。もし、虚偽の事実を申告した場合は、調査協力義務に違反するものとして、処分されることがあるので、注意するように」などと述べてプレッシャーを与えてヒアリングすることは、必要な留意事項を告げただけであって、違法となるものでもないし、その結果得られた供述について、証拠としての価値が失われることはない。

しかしながら、この限度を超えてしまい、脅迫的手法を使って無理やり不正の事実を認めさせたり、供述させたりした場合は、そのヒアリング行為自体が違法となり、ヒアリングで得られた結果については将来、裁判では使えない代物、すなわち懲戒処分や損害賠償請求といった場面では使えないということになってしまう。

よって、誰が聞いても脅迫といえるような、その対象者の生命、身体、健康、経済的な事情に対し、害を加えることを告げるなどして、対象者を畏怖させて供述を得るような方法は、そもそも業務執行としての調査として認められない。

解説編

2　いわゆる、囚人のジレンマ的手法

　囚人のジレンマという理論がある。
　2人の囚人を1人の刑務官が取り調べる場面において、刑務官が次の条件提示を囚人に対して行う。
　①　2人のうち、両方が自白したら、懲役10年
　②　2人のうち、両方が黙秘したら、懲役2年
　③　2人のうち、1人が自白し、1人が黙秘したら、自白したものは懲役1年、黙秘したものは懲役15年
　この条件を提示された囚人は、冷静に考えれば②を選択するのが最も合理的であるところ、多くの場合、囚人同士の信頼関係がないので、自分が黙秘した場合に相手も黙秘してくれるとの確信がもてず、③の状態になり、自分だけが不利益を被るのではないかと心配するあまり、メリットが確実な①を選択することになる、という理論である。
　人間の損得計算を逆手にとった興味深い理論であり、実際のヒアリングでも似たような手法で真実の供述を促すことがある。
　では、この囚人のジレンマ的な手法を用い、次のような条件提示を行った場合、そのヒアリング手法は妥当といえるか。
　「お前が不正をやったことはもうわかっている。証拠もある。にもかかわらず、事実を認めないというのであれば、懲戒解雇するほかない。しかし、素直に事実を認めたならば、懲戒解雇だけは免れるように配慮してやろう。」
　このようなヒアリング手法は、本当に不正をやった人間であれば、損得計算をして事実を認めるだろうという考えから行われるものである。
　しかしながら、もし、対象者にとって濡れ衣であった場合に、濡れ衣であるということを主張できるかといえば、人によっては、懲戒解雇されてしまうくらいなら、濡れ衣でも事実を認めてしまいたいという弱さに負けてしまうこともあり得るというべきである。
　この選択的な条件提示の問題点は、「事実を認めるか、認めないか」と

第4 不正調査の手法（ヒアリングでやっていいこと、いけないこと）

いう供述態度の獲得だけを目指しているところにある。

　このような手法を用いると、脅迫に屈して濡れ衣を認める人間を生んでしまい、結局は真相解明から遠ざかることになってしまう。

　筆者が同様のプレッシャーをかけるならば、

「証拠もある。本当に不正をやっているのに事実を認めないならば、調査協力義務違反でもあるので懲戒解雇も免れない。きちんと真実を話すかどうかで、あなたの今後が決まるといっていい。どうか」

というやり方をする。

　この方法と先ほどの例との違いは、「本当に不正をやっているのかどうか」という部分に獲得目標を置いているところである。

　この条件提示であれば、不正をやっていないならば認める必要はない、真実を話すことが要求されているということが伝わるため、結果、不正を告白するに至った場合でも、その供述については法的にも有効である。

3　まとめ

　脅迫的手法で得た供述が、仮に真実の内容であったとしても、脅迫されたほうはその恨みを忘れないものである。

　そして、いざ、自分が処分されるという段階になったら、おもむろに自分が脅迫的にヒアリングを受けたことを引き合いに出し、ヒアリング担当者を巻き込みにかかることもあり得る（そして、こういうときに、ヒアリング対象者がこっそり録音していたデータが出てくる）。

　したがって、当事者が否認している場合には、早急にヒアリング技術のある専門家に引き継ぐべきであり、自分の力で何とか認めさせようと躍起になる必要はまったくないので、冷静な見極めが必要である。

解説編

5　不当なヒアリング方法（偽計的手法）

1　偽計的方法の禁止

　偽計的方法とは、ヒアリングの対象者に虚偽の情報を与えて、供述を引き出す手法である。
　たとえば、手元に証拠が収集できていないのに「すでに証拠は十分収集できている」と述べたりして、観念させる方法である。
　偽計的方法を用いた場合、心当たりのある者に対しては効果を発揮する一方で、心当たりがないにもかかわらず、虚偽の情報を前提に、濡れ衣をあえて被る者も出てくる可能性がある。
　このような偽計的な手法によって得られた供述は、供述の前提に虚偽がある以上、その信用性の程度は低いので、ヒアリング手法としては用いるべきでない。

2　切り違え尋問

　切り違え尋問とは、2人の嫌疑者がいる場合に、それぞれを別室に入れ、それぞれに対し、「もう一方のやつはすでに自白したぞ。このまま黙っていると、すべてお前のせいにされるぞ、それでもいいのか」などと告げて供述を引き出す手法である。
　告げた内容が事実ならば正しいヒアリングとなるが、そもそも、もう一方が自白した、という内容が虚偽である場合は、自分だけの責任にされてはかなわないということで無理に事実を認めたり、話をつくったりする可能性が発生する。
　よって、このような手法を用いることは、供述内容の信用性に欠けるといえ、不当なヒアリング手法である。
　しかしながら、嫌疑者が2人以上いる場合に、相互の疑心暗鬼を利用すれば、真実を告白する人間がいるのも事実であり、真相を引き出す状

況としては好ましいといえることも、また事実である。

先に引用した、囚人のジレンマもそうであるが、不正を行っている人間は、同じ方向を向いている間は不思議な結束力を発揮するのであるが、いざ、不正が発覚しそうになるや、急な疑心暗鬼に襲われ、自分だけは助かりたいという思いに駆られる悲しい心理がある。

ヒアリングで真実を引き出す立場としては、不当な方法ではなく、この関係性を利用したヒアリングを行うべきであろう。

たとえば、筆者が用いたことのある手法としては、「君は、相方のことをそんなに信用できるかな？　人間、自分が助かりたいと思ったら、簡単に裏切るもんだよ。もしかしたら、こうしているうちにも、本当のことを全部しゃべっているかもしれないよ。そうなってから君があわてて話をしたとしても、僕らとしては、最初に話をした人間の話を信用したくなるよ」などと告げる。

この手法では、相方が自白しているとは言っていないので虚偽の事実は何ら告げていない半面、不正行為者の疑心暗鬼をあおることで、真実の供述を促しているのである。

6　免責的手法の有効性

1　免責的手法とは

平成28年5月、わが国では初めてとなる、司法取引を操作手法として認める法案が成立し（刑事訴訟法等の一部を改正する法律―平成28年法律第54号）、3年以内に施行されることとなった。

司法取引とは、供述者が真実を供述することを条件に、法的な責任を免責することを約束するヒアリング手法であり、アメリカをはじめとする諸外国では積極的に活用されている。

真実の供述をしない人間の最大の理由は、自分にとって不利な供述をするメリットがないからであり、もし、供述することで免責されるとな

れば、真実の供述をする人間は確実に増えるといえよう。

他方で、自分の罪を免れたくなる一心で、虚偽の供述をして他人を陥れる可能性も残っており、問題点も指摘されているところである。

これまで、わが国の刑事訴訟法の世界では、利益供与による供述は信用性がないとされ、免責をちらつかせて得た供述の証拠としての価値は低いとされてきた歴史があるので、今般の改正は、捜査や司法のあり方に大きな変化をもたらすことになろう。

では、捜査機関ではなく、企業が真相を解明するための手段として、免責的手法を使うことは許されるのであろうか。

捜査機関の目的は、国家刑罰権の行使の適正であり、免責的手法はこの刑罰権行使を放棄する点で本質的な問題を含んでいるが、他方で企業の行う調査は、従業員の懲罰による企業秩序の維持が第1の目的という場合もあれば、企業としてステークホルダーに説明責任を果たすという目的が第1の場合もあり、事案によっては従業員に対する処分を放棄してでも真相をあぶり出す必要性が高い場合もある(たとえば、巨額の課徴金が想定されるカルテルの事案では、カルテル行為を行った個々の従業員の処分などよりも、会社の存亡に関わるカルテルの実態を把握し、いち早く減免申請を行うことが必要といえよう)。

2　免責的手法の問題点

筆者は、免責的手法については、供述の信用性の問題のほかに、次の問題点を含んだ手法であると考えている。

(1)　免責目的での不正を誘引する

不正を行っても、真実を供述すれば免責してもらえるという前例をつくると、最初から免責目的で不正を行う者も出てくることが懸念される。

免責的手法を用いるかどうかは会社側が決めることであるから、さすがに、横領行為を免責してもらおうという者は出てこないと思うが、カルテルや海外公務員に対する賄賂など業務上行われる不正については、

メンバーが変わっても継続的に発生し得る不正であり、会社としては免責してでも情報がほしい不正であるから、先に免責事例を発生させると、次のメンバーが免責を当てにして不正に手を染めることがあり得るのである。

こうなると、一部の不正については、新たな不正を行う動機になってしまうというのが、免責的手法の問題点の1つである。

(2) 免責できないものもある

企業の行う調査において、従業員の個人不正に関する調査の場合、たとえば横領などの場合であれば、企業自身がその責任を免責すれば、およそ、民事上・刑事上の責任が問われることはないので、免責的効果が十分確保できる。

しかしながら、企業自身の免責できる範囲を超えるような不正の場合、たとえばカルテルや談合においては、企業が免責したとしても、捜査機関がこれに拘束されるいわれはないので、企業が公表した情報に基づいて捜査が行われ、免責的手法で供述した従業員についても捜査の対象となることは避けられない。

また、企業が免責したことで損失が発生した場合に、株主が会社に対し、損害の回復を要求することもあり得、結果として免責的効果が十分に発揮されない可能性もある。

このように免責的手法を用いるとしても、実際に完全に「約束」が守れる事案というのは、極めて限定的な場合になるのが実際であると考える。

3 免責的手法を用いる必要がない場合

〈すでに不正の存在が判明している場合は、なるべく用いない〉

すでに不正の存在が判明している場合、嫌疑者も判明していることが多いことから、無理に自白をさせなくても、他の証拠によって認定できる不正であれば、免責的手法を用いる必要性は小さいというべきである。

解説編

　もっといえば、たとえ自白があったとしても、客観的に支えるような証拠（メールや電子証拠など）がなければ、いざ供述を翻されたときに、法的な措置を講じることが難しいことがある。
　よって、すでに不正の存在が判明している場合は、免責的手法に頼るのではなく、十分な証拠収集を試みるのが正当な調査方針である。

4　免責的手法を用いるべき場合

〈埋もれている不正をあぶり出すには免責的手法は有効〉
　以上の免責的手法の問題点を前提として、筆者が免責的手法を用いることが有効であると考えるのは、次の場合である。
　いわゆる網羅性の調査と呼ばれる、すでに発覚している不正以外の不正があるかどうかの調査には、免責的手法は効果がある。
　企業が行う調査に対する世間からの期待値として、すでに発覚している不正について事実関係を調査して明らかにすることはもちろん、他に同様の不正、あるいは他に違う類型の不正が潜んでいないかも調査すべきという水準にきている。
　しかし、企業としては、すでに判明している不正について調査をすることはできても、潜在している不正についてあぶり出すのは、並大抵のことではない。
　このような網羅性目的での調査を行う際には、アンケートを実施し、潜在的な不正があればこれを申告することを従業員に依頼するという手法がとられることが多い。
　この網羅性アンケートの際には、免責的手法をうまく組み合わせることで、所期の目的を達することができる。
　すなわち、潜在的な不正の情報である以上、企業としては発見してこれを開示すること自体に価値があり、個々の従業員に対する処分の圧力は相当に小さいといえる。
　また、これから行われる不正を免責するのではなく、既存の不正についての免責であるので、不正の誘発にはつながらない。

すなわち、あくまですでに判明している不正調査に付随しての網羅性調査として行うわけであるから、その免責範囲は限定的、1回的なものになるので、将来また網羅性の調査があることを期待して不正を行う者が出てくることを心配する必要はないと考えられるのである。

そして、免責的手法がきちんと機能するように、免責の手続、免責効果の説明については、自社で行うのではなく、調査を担当する専門の弁護士にゆだねることが無難である。

筆者も、免責的手法が有効となる事例に備え、あらかじめ企業側と免責的手法を用いる場合の手続について、確認をしておくことが多い。

7　ヒアリングのまとめ

筆者は、ヒアリング調査は、調査手法の限界についての問題のるつぼであると考えている。

なぜなら、ヒアリングとは、相手の反応を受けてこちらが発問するコミュニケーションと不可分であり、あらかじめ計画を立てたところで計画どおりには進まない性質を有しているし、短い時間のうちに変幻自在の展開をする性質を有しているので、少しでも気を抜くと、配慮に欠けたり、述べてはいけないことを述べてしまったりするリスクが相当程度、含まれている調査方法である。

したがって、以上述べたような基本的なヒアリングの手法については、頭で考えていてはなかなかスムーズにいかないので、手ごわい相手のヒアリングが必要になったら、それは専門家にゆだねる時期に来ていると考え、無理に自力での対応をすることは避けることをお勧めする。

解説編

第5 不正調査の手法（証拠収集でやっていいこと、いけないこと）

　本項では、ヒアリングと並んで調査の手法として重要な、客観証拠の収集についての問題点を検討する。

　調査が業務執行権の範囲で行われる以上、客観証拠の収集も業務執行権の及ぶ範囲がその限界となることは、異論がないと思われるが、これも私人たる立場と従業員としての立場の境目に関わる問題があり、その都度、適正な証拠収集の方法について整理しておくことで、いざというときに、迷わず最適な方法を選択することができるようになる。

1　場所的範囲に関する論点

1　業務用の個人机

　会社内で各従業員の執務場所として、業務机を使用することを許可している場合、調査の必要があるときは、当該使用中の従業員の了解を得ることなく調査をすることが可能である。

　これは、会社の敷地内にあるうえ、会社から貸与したものであり、会社は自由にこれを取り扱うことができるからである。

　なお、従業員が業務机の中に私物を入れている場合があるが、そもそも、業務机は私物を入れることを禁じられている場所であり、調査の結果、従業員の私物が発見されたとしても、プライバシーの侵害の問題にはならない。

ただ、一見して私物である場合は、たとえ業務机の中に入っていたとしても、その私物性が失われるわけではないので、机の中から取り出すことまではできるが、その私物についてさらに調査を行うことはできず、当該所有者である従業員の了解が必要である。

たとえば、業務机の調査を行った際、私物と思われる従業員の手帳が出てきた場合は、業務机から取り出すことまでは会社の独断で可能であるが、手帳の中身まで見ることは、独断で行うことはできない。

2 更衣室、トイレなど

更衣室やトイレなど、会社の敷地内といえど、従業員の私人としての立場も併存する場所については、特別な配慮が必要である。

すなわち、更衣室やトイレを調査対象とする場合には、業務机の場合とは異なり、プライバシーへの配慮が十分に必要である。

特に、個人での使用を許可している更衣ロッカーについては、所有権が会社にあり、かつ私物の収納を禁じていたとしても、その性質上、私物を含むプライバシー性の高い場所であるから、より慎重な配慮が必要である。

具体的には、以下のような配慮が必要である。

・原則として、本人の立ち会いを必要とする。
・本人が立ち会いを拒否したり、本人不在で緊急性が高い場合は、複数人での開扉作業を行い、必要以上のプライバシーの侵害がないように配慮する。特に、被対象者が女性である場合は、女性1名以上の立ち会いを必要とする。

3 自宅への立ち入り

事案によっては、重要な証拠を自宅へ持ち帰っている場合があり、自宅から早急に回収するべき場合があるときに、従業員が翌日に自宅から持ってくることを信頼すべきでないとして、調査行為者が付き添って自宅へ行き、証拠を回収することもあり得る。

解 説 編

　特に、情報漏えいの疑いがある事案の場合、他の電子媒体へのコピーの有無なども調べる必要があるため、自宅の電磁的記録媒体の調査をしたくなることが多い。

　しかしながら、いうまでもなく、従業員の自宅は業務の執行場所ではないので、会社の業務執行権の範囲外である。

　これは、証拠品が自宅にある蓋然性が高いとか、本人がそのように供述している場合であっても、業務執行権の範囲が変わらない以上、会社の調査としては、自宅への調査は不可である。

　ただし、本人が自発的に協力する場合にまで調査できないとするのも硬直にすぎるので、筆者としては、次のような場合に限定して、自宅にある証拠品の回収が許されると理解すべきと考える。

　① 当事者の真摯な同意があること

　書面での同意をはじめとする手続的な確認は必須である。

　② 自宅への移動は当事者に先導させること

　タクシーで移動するならば、2台に分かれるなどし、間違っても、当事者を両側から間に挟んで連行するかのような形態で自宅に向かってはならない。

　③ 会社関係者の立ち入りが許されるのは玄関まで

　たとえ、本人が自宅へ上がることを許可し、あるいは会社の人間による捜索を許容したとしても、絶対に中に入ってはならない。

　なぜなら、通常、自宅へ会社の人間が上がり込む行為については、真摯な同意が得られるとは思えず、後になってから、「会社の人間に圧力をかけられて、無理やり上り込まれた」などと弁解された場合、適切な処分を行うことができなくなるからである。

　④ 自宅内の捜索は本人に行わせる

　自宅内の捜索は本人に行わせ、会社関係者は玄関先からその様子を見守り、会社関係者から見える範囲での作業を依頼する。

　繰り返しになるが、自宅はプライバシー性の極めて高い場所であり、たとえ重大な証拠がそこにあるとしても、業務執行として立ち入ること

第5　不正調査の手法（証拠収集でやっていいこと、いけないこと）

は厳に慎まなければならない。

　もちろん、これにより、証拠の隠滅が生じる可能性もあるが、それはそもそも、証拠の持ち帰りを可能にしてしまっていた会社の情報セキュリティの甘さに原因があるのであり、自らの落ち度を棚に上げて違法な立ち入り行為を正当化することはできない。

　なお、後述するが、ここで本人の意思に反して自宅へ立ち入ると、住居侵入罪としての処罰もあり得る。

4　会社内にある私物のカバン

　これは、従業員が私物のカバンを持って通勤している場合、当該カバンが会社の敷地内にある場合に、カバンの中身を調査できるかという問題である。

　通勤に用いているカバンが会社の敷地内にあるというだけで、カバンの所有権が変わるわけではないので、カバンの中身について、本人の同意なく開けて調査することは許されない。

　ただ、実際には、会社貸与のパソコンやタブレットを調査しようと思っているのに、本人の私物カバンの中に入っているために手が出せないという場面が起こり得るため、何とかこれを回収する方法を検討しておくことも必要である。

　他方で、やはり、本人の意思に反して勝手にカバンを開けてものを取り出す行為は、それが爆発物などで本人の財産権よりも優先するべき利益であることが明らかな場合は緊急避難として許されるが、不正の証拠があるとか、流出した情報があるという程度の利益であれば、本人の財産権よりも優先するとはいい難い。

　たとえば、筆者ならば、以下のような方法をとる。

① 　当該従業員に対し、「そのカバンの中に、会社貸与のものがあるか。あるならば、ただちに返してもらいたい。この時点をもって、あなたへの貸与から回収する」と告げる。

　すなわち、本人に、会社貸与物を占有し続ける法的な根拠が消滅した

解　説　編

ことを告げるのである。

　②−1　本人が、「カバンの中にはない」と答えたら、これを開けることはできない。

　もちろん、「念のため、自分で開けて見せてくれないか」と依頼はするが、強要はできない。

　そして、「では、会社貸与物は、現在どこにあるのか」と尋ねる。

　「自宅にある」など保管場所を回答すれば、前記の自宅への調査の場合に準じて、本人に同行して回収を試みる。

　もし、ここで、本当はカバンの中に入っているのであれば、粘り強く説得し、このまま会社敷地内を出れば窃盗罪になるということも告げるなどして、自発的に提出させる。

　②−2　本人が、「カバンの中にあるが、出したくない」と述べたような場合、不正を告白しているのと同じであるので、そのまま持ち出すことは窃盗罪に該当することを告げるなどして、粘り強く、返還を要求する。

　重要度に応じて、近隣の警察官を呼び、本人への説得や、職務質問、所持品検査などを依頼するなどの方法を組み合わせる。

2　物的範囲に関する論点

　物的範囲の問題とは、証拠として収集できる物の範囲である。

　すでに述べているとおり、業務執行権の行使としての調査である以上、会社の業務執行権が及んでいる物については、すべて会社が自由に収集することができる。

　たとえば、貸与パソコン、貸与携帯などの有体物はもちろん、会社の業務上使用している電子データやメールデータなども、すべて業務執行権の行使として、当該従業員の了解なく収集することができる（場所的な論点は別途存在することはすでに述べた）。

　では、従業員が個人的に購入した物を業務に使用している場合に、こ

れを徴求することができるか。

　この点、たとえ業務で使用していたとはいえ、所有権が個人にある以上、会社の管理権は及ばず、本人の任意の提出によるほかない。

　例としては、個人所有の携帯で仕事の連絡を行っていた、個人所有のスケジュール帳に予定を書き込んでいた、などである。

　問題となり得るのは、本人が受けとった名刺である。

　名刺は個々の従業員が自分の名刺と交換するものであるという性質があり、もし、その従業員が私製の名刺を用いていたような場合、これと交換した名刺も私物となるのかという疑問が生じる。

　しかしながら、名刺は会社の地位に対して渡されるということが本質であり、名刺本来の物的な価値に着目したものではないため、法解釈としては会社に帰属していると解釈し、従業員が受け取った名刺はすべて会社が回収できると考えてよい。

　そもそもの問題として、従業員の私物を業務に使用することを認容していること自体、セキュリティの観点からは落ち度があるというべきであり、この論点は、私物で業務を行うことを許しているというわきの甘い企業にのみ妥当する問題のように思える。

　しかしながら、禁止していたとしても、こっそりと業務に使用する者はいるわけであるから、やはり、どの企業も直面し得る問題として知っておくべきであるし、就業規則などで私物の業務使用を禁じていたからといって、当然に業務使用された私物を調査することができないのである。

3　適正な手続の担保

　以上のとおり、私的領域や私的管理権の及ぶ場所、物に関しては、該当する従業員のプライバシーや管理権に対する格別の配慮が必要であるし、後々の紛争に備えておく必要がある。

解説編

1　プライバシーへの配慮を行った証拠を残す

　たとえば、更衣室内に証拠がある疑いがあり、当該従業員が不在もしくは立ち会いを拒否している場合に、本人のいないところで更衣ロッカーを開けることになる。

　しかしながら、本人不在の状態で行った場合に、後々、「不当に私物を調査された」「関係のない場所まで見られた」などの難癖をつけられるリスクがあるので、このような緊急事態であっても、適正な手順を踏んでおくことが必要である。

　筆者が勧めているのは、スマートフォンに標準装備されるようになっている動画撮影である。

　すなわち、更衣室内の立ち入り、更衣ロッカーの開扉、内容物の取り出し、私物と会社所有物の仕分けまでの全過程を、動画で撮影しておくのである。

　このような手続の証拠化を行っておけば、後々もめることは避けられるし、慎重な手続を進めたという評価にもつながる。

　なお、プライバシー性の高い場所について動画や写真撮影を行うことの是非については、少なくとも撮影の目的が適正な手続確保にあるということ、前提としては会社の調査権が及ぶ範囲であるということから、違法の問題は生じないと考えてよい。

2　こまめな、同意書・放棄書の徴求

　これまで見たように、調査協力義務がある場合であっても、プライバシーや管理権に対する配慮が必要であり、かつ、それぞれの個別の事情によってその配慮すべき程度はさまざまである。

　したがって、プライバシーや私物、私的領域に関わる本人の同意は、なるべく細かく、各行為ごとの承諾を得ておくのが安全である。

　すなわち、調査行為を限定せずに、「いかなる調査もお受けし、私物についても提出することを同意します」というような包括的・概括的同意

書を作成しただけでは、十分とはいえないので、自宅への同行であれば同行に関する同意書、私物の任意提出ならば私物の明細を付した同意書など、こまめに同意の対象を明確化することが必要である。

また、当事者が非を認め、ただちに自宅待機にするなどの場合、会社から私物を持ち帰らせる必要がある。

すなわち、処分対象であることが明らかなのに、私物引き取りのためにまた会社へ来させることが不適切な場合がある。

このような場合に備え、その日のうちに自宅待機を命じ、私物を持って帰らせることを考えるべき場合は、ただちに私物を点検させ、段ボールに詰めさせて自宅へ発送させるなどし、最後に、「必要な私物についてはすべて確認しました。今後、私の私物について発見されても、必要のないものですので、私の了解なく処分していただいて構いません」という所有権放棄書を作成しておくと、後々、会社所有物ではないものが見つかったときに、本人に取りに来させることなく、自由に処分することができる。

4 電磁的記録の留意点

近時、業務の記録のほとんどが電磁的記録媒体に記録される時代となっており、不正調査において電磁的記録に対する調査を行うことは、避けて通れない。

しかしながら、紙に証拠があった時代には配慮しなくてよかった問題が生じている。

すなわち、電磁的記録媒体と紙媒体の違いは、その記憶容量の違いに尽きるのであり、電磁的記録の場合、小さな記録媒体でも大容量の記憶容量がある時代となっている。

とすれば、あらかじめ収集するべき証拠データの所在がわかっているような珍しい場合を除き、とにかく証拠の保全と収集だけをやって、後でじっくり解析するという手法の証拠収集をする場合には、会社の業務

解 説 編

執行権の及ばないデータが含まれている可能性が高くなることを意味しているので、電子データの調査においては、常に私的なものが含まれていることを意識しなければならない。

そして、収集した電磁的記録媒体に含まれている私的なデータについては、本人の同意なくこれを調査することはできない。いわば、会社の敷地内にある私物のカバンと同様に考えるべきである。

たとえば、電子メールデータの解析のために、調査対象となっている従業員の電子メールすべてを収集したところ、当該従業員が会社のメールアドレスを使って、個人的なやりとりをしていたとしよう。

私物の業務使用のところで述べたとおり、仮に会社アドレスを私用に使うことを禁じていたとしても、そのことと私的メールの内容を調査の対象とすることができるかについては別問題であり、私的なメールについては、会社の調査権は及ばないというべきである。

もちろん、私用禁止違反であるので、それを理由とした処分と調査は可能であるが、仮に私用を禁じる規定がなければそのための調査すらできないことになる。

以上をまとめると、メールの調査をしていて、「偶然」会社のメールアドレスを使用した私的なメールを発見することがあるが（ここまでは適法）、私的なメールであることが判明しているのに、これを調査の目的に使用したり、これを証拠資料として用いることは、プライバシー侵害の疑いがあるので、本人の同意をとりつけるなどして、適正な手続を実践することを心がける必要がある。

第6 事実認定の手法

1 事実認定とは

　事実認定とは、調査活動によって得られた証拠に基づいて、過去にどのような事実が存在したのかを確定する作業のことである。

　卒直にいえば、嫌疑のある不正について、不正の存在、内容、行為者の特定など、いわゆる5W1Hの要素について、証拠に基づいて裏付けを行い、その不正が存在したことを証明する作業のことである。

　このような事実認定の作業については、私たちは無意識のうちに日常生活において実践している作業であり、何か特別な作業があるわけではない。

　たとえば、業務上のトラブルが発生した場合、そのトラブルの内容について事実確認を行うことは日常よく行われているが、その場合に、人の供述を複数得たり、客観的な痕跡を解析するなどしているはずである。

　しかしながら、不正の事実認定に関しては、歴史的に積み重ねられた事実認定手法が確立されており、調査担当者の主観や思い込みが入り込まないように配慮された手法が存在する。

　このように、不正の事実認定は、極めてシステマティックであるとともに、豊富な経験が必要な作業といえるので、重大な不正について事実認定を行う際には、必ず、不正調査の専門家の助言を得ることが必要である。

解 説 編

2　証拠評価方法

　調査によって、得られたさまざまな証拠から、事実認定を行っていくことになるが、最も重要なのは、証拠の信用性の順序である。
　すなわち、証拠にはさまざまなものがあるが、経験則上、信用性には差があるので、証拠の信用性の高いものから順に証拠として用い、もし、信用性の高い証拠と低い証拠が矛盾する場合は、信用性の高い証拠を優先することになる。

1　物証＞供述証拠

　まず、最も重要なことは、供述証拠よりも物証が優先するということである。
　人の記憶は、経験則的に誤りが入り込みやすく、悪気はなくとも思い込みや独自の解釈が加わってしまうことがよくある。
　時には、思い込みにより、実際の記憶が書き変わるという現象も発生するところであり、供述証拠は極めて信用性が低いというべきである。
　よって、メールや電子データ、画像といった、客観的な証拠がどの程度あるのか、その客観証拠からどのように事実が認定できるのかを検討し、その次に、供述証拠を考慮するという順番を忘れてはならない。
　実際の調査においては、ヒアリング作業を行うと、ついつい、供述された内容に引きずられてしまう現象が発生するが、最終的な事実認定の場においては、まずは供述を切り離した客観証拠のみで何が認定できるのかを検討する作業が必要である。

2　裏付けのある供述＞裏付けのない供述

　次に、供述の信用性を検討することになるが、最も信用できる供述とは、客観的な裏付けのある供述である。
　すなわち、客観的な証拠の信用性が高いのと同じように、供述の中で

も、勢いだけで話しているものと、きちんと裏付けがとれる供述とでは、信用性には大きな違いがある。

よって、供述の評価をする際には、裏付けがとれている話かどうかという観点で検証する必要がある。

逆にいえば、上手なヒアリングとは、ヒアリングをしながら相手の話が裏付けのとれている話かどうかを検証しながら行うヒアリングのことであり、ポイントとなる部分について、必ず、「それを何かで確認しようと思えば、何で確認できますか」という発問をするヒアリングである。

また、客観的な裏付けといってもさまざまであるので、問題となっている事柄に関連する供述か、あまり関連性がない供述かによっても、裏付けの有無についての評価を変える必要がある。

たとえば、「その日私は、海外にいたのです」というアリバイに関する供述がある場合は、不正の事実への関与に関する重要な供述部分であり、その裏付けが客観的にとれた（パスポートの確認など）場合は、供述の信用性が高い。

これに対し、「私はその日、朝食に納豆を食べました」という供述があり、買い物の履歴によって裏付けがとれたとしても、朝食の内容が不正の内容に関係するわけではないので、このような関連性の薄い部分について裏付けがとれたとしても、信用性の高い供述であるとは評価できないのである。

このように述べると当たり前のことのように感じるかもしれないが、一連の供述のうち、裏付けの有無を意識しながらヒアリングを行うのは、熟練のスキルが必要である。

よって、企業の担当者が行う場合は、2人1組で行い、1人は発問し、1人は裏付けの有無をチェックする、というような役割分担を行いながらヒアリングに臨むことをお勧めする。

3　利害関係がない人の供述＞利害関係がある人の供述

これも当然であるが、人は同じ事柄を供述する場合でも、ニュアンス

解説編

を変えることで違った印象を与えることができる。

たとえば、否定的な表現を多用すれば批判的に聞こえることも、肯定的な表現に切り替えるだけで、同じ事柄でも違った印象を聴取者に与えることが可能なのである。

このように、同じ事柄の供述についてヒアリングを複数人に行った結果、異なる印象を生み出すことがあり得るので、その供述に与える影響の要素の有無を検討する必要がある。

そのうえで、当該供述者が、現在問題となっている不正について、利害関係があるのかどうかということは、常にもたなければならない視点である。

たとえば、カルテルが問題になっているときに、営業担当者は利害関係があるといえるが、経理担当者は利害関係がないといってよい。

ついつい、供述者の人格や性格が証拠評価に影響してしまうのが人の情であるが、ここは割り切って、客観的に利害関係の有無を見極める必要がある。

4　核心部分でぶれていない供述＞変遷がある供述

ヒアリングを同一人について数回行う場合、当初の供述から徐々に変遷することは、よく経験することである。

これは、あえて供述を変遷させている場合もあり得るし、ヒアリングを重ねるうちに記憶が鮮明になってきて供述が修正されることもあり得るのである。

ただし、供述の核心部分、すなわち、問題となっている不正に関連する中核的な話題については、通常、記憶が薄れたり混同することは少なく、記憶がはっきりしていることが多いので、核心部分に関して変遷があると、その供述の信用性を疑わざるを得ない。

他方で、あまり核心に関わらない部分の供述が変遷した場合は、もともと、記憶に残りにくい部分であることが多いため、変遷した事実だけをもって信用性がないとは判断できない。

そして、核心部分に変遷があった場合は、その変遷の理由について、慎重にヒアリングし、また、裏付けを調査するべきである。

特に、他人の行為に関する供述において、核心部分が変遷したような場合、たとえば、前回のヒアリング時にはその他人の不正を供述していなかったのに、次のヒアリングの際には急に他人の不正を供述した場合は、前回供述しなかった理由、今回供述することにした理由などについて詳細なヒアリングを行うとともに、裏付けがとれる内容であれば裏付けを確認すべきである。

場合によっては、当人のメールのやりとりについて追加調査を行い、また、個人の通信手段についても提出を求めるなどして、不当な意図がないことの確認が必要な場合もあろう。

5 供述者の人柄、声の大きさ、態度、涙、迫真性、具体性、自分との関係性は、証拠評価に悪影響を及ぼす要素として割り切るべし

企業担当者が、事実認定を誤るとすれば、これらの要素に引きずられている場合である。

目の前で大きな声で怒りに震えながら不正の事実を否認している姿、また涙ながらに訴える姿を目の前にすると、感情を揺さぶられてしまうのが人情であり、これに左右されないのは、筆者らのような取り調べのプロだけであろう。

しかし、いかに迫真性のある話し方、表現をしていたとしても、裏付けがない、あるいは客観証拠と反する供述であるなら、それは信用性のない供述として割り切る必要がある。

6 まとめ

以上、簡単な証拠評価の順序について紹介したが、この手順を意識して調査を行うだけでも、誤った事実認定を避け、効率よく正しい道筋を見極めることができるようになるので、複数人で協力しながら、これら

の視点を維持する努力が必要である。

3　バランスを意識した事実認定

1　セカンドオピニオンの重要性

　調査活動は、常に調査行為者自身の思い込みや感情の排除との戦いといってよい。
　どんな調査のプロでも、一度心証が形成されてしまうと、これを自分で覆すことが困難になるものである。
　そのために、捜査機関においては、決裁システムが充実しており、1人の捜査官だけではなく、複数人が関わることで、思い込みや先走りがないようにコントロールをしているのである。
　企業の行う調査においても、たとえ自社だけで判断できると思っても、セカンドオピニオンを求めるべきである。

2　積極証拠と消極証拠

(1)　消極証拠が存在する理由を解明する

　バランスがとれた調査を行っているか、思い込みがないかをチェックするポイントの1つに、積極証拠と消極証拠の突合せ作業がある。
　積極証拠とは不正の事実認定にとってプラスとなる証拠、消極証拠とは不正の事実を打ち消す証拠のことである。
　調査による証拠収集を行っていると、積極・消極のいずれの証拠も出てくるのが通常であり、どの証拠が信用できるかについては、すでに述べた証拠評価の手順によって判断することになる。
　しかしながら、証拠評価の段階で、積極証拠ばかりを見てしまい、消極証拠に対するフォローを怠ると、将来、その消極証拠の存在が足かせとなる可能性もある。
　たとえば、「その日は東京にいなかった、京都にいた」と述べ、京都で

の出来事について詳細に供述していたが、ETCの記録を確認したところ、東京にいたことが判明したような場合に、当然、客観証拠であるETCにより東京にいたことを認定してよいが、では、なぜ京都にいたという主張をしたのかについては、あまり調査を行わないのが通常であろう。

　消極証拠が存在することは、決して事実認定の支障になるのではなく、その消極証拠がなぜ存在するのかという点の解明が重要なのである。

　すなわち、消極証拠が存在してるのに積極証拠ばかりを見て事実認定を行うと、時に事実認定を誤ることがあるので、消極証拠があるにもかかわらず不正を認定するのであれば、「なぜ、消極証拠が存在しているのか」についても、解明しておく必要がある。

　先の例では、本人にETCの記録を突き付けて、虚偽の供述を修正するとともに、「なぜ、京都の話をしたのか、なぜ京都のことについてそんなに詳しいのか」という発問を行い、これに関する供述を得ておくのである。

　この供述に、裏付けがとれる（先の例でいえば、昨年に京都旅行をした事実が裏付けられるなど）のであれば、なおさら、安心であろう。

(2)　積極証拠が残存する理由も確認する

　積極証拠の存在は、それだけで人を事実認定に導く効果がある。

　しかしながら、狡猾な不正行為者は、虚偽の痕跡を残すことで、罪を他者になすりつけたり、発覚を遅らせるなどするものである。

　通常、不正を行う者は、発覚をおそれるものであるから、証拠を隠滅できるならば隠滅するのが通常である。

　にもかかわらず、明らかな証拠が残っていた場合は、「なぜ、証拠を隠滅しなかったのか」という視点での調査もしておく必要があるのである。

　高度な解析技術を使った調査によって得られた証拠であれば、そもそもそのような痕跡が残っていることを知らなかっただろうし、隠滅する

解　説　編

ことで逆に目立つことになる証拠もあろう。

　ここを解明するのは、やはり、効果的なヒアリングの実施であり、「どうしてこの証拠を放置していたのか」という発問をしておくことで、本人ならではの供述が得られるのである。

4　否認と事実認定

　嫌疑者の中には、いくら客観証拠がそろっていても、なかなか事実を認めない者がいる。

　すでに否認してしまっていて、供述を覆すタイミングを逸したとか、プライドが邪魔しているとか、現実逃避しているとか、まだ何とかなると高をくくっているとか、事情はさまざまであるが、頑強に否認する者は一定数いる。

　筆者らのような取り調べのプロは、ある程度の技術を駆使して否認を自認に転じさせることができるが、それでも、否認のままヒアリングを終えざるを得ないこともある。

　これまでに述べたような、証拠評価手法や裏付けをきちんと行っておけば、たとえ嫌疑者が否認していたとしても、事実認定して問題ない。

　企業の担当者としては、できれば自白してもらうほうが精神的に安心するので、否認のままで処分することに抵抗感をもつのも自然な心理であるが、不合理な理由で否認する人間は存在しているので、これに拘泥してしまって正しい処分ができないとあっては、正しい調査とその結果に基づくアクションに悪影響を与える。

　したがって、証拠に間違いがないと思うならば、否認であっても事実認定を行うべきである。

　その場合、当該嫌疑者の身上関係を含め周辺事情を調査し、素直に事実を認められない事情の存在については、一応の調査をしておくとよい。

第7 不当な調査を行った場合の責任

これまで、会社としてできる調査の範囲について論じてきたが、もし、これらを逸脱してしまい、不当な調査となってしまった場合、次のような効果が待っている。

1 調査担当者の個人的責任

まず、調査担当者の個人的な責任としては、以下のものがある。

1 民事責任

不法行為に基づく損害賠償責任を負う（民法709条・710条）。

たとえば、脅迫的なヒアリングをした場合の精神的苦痛、自宅に勝手に上り込んだことによる精神的苦痛などがあり得る。

2 刑事責任

各種刑罰法令に触れる行為があった場合、対象者からの被害届があれば捜査が開始される可能性がある。

- 本人の同意なく、私物のカバン開けた場合－窃盗罪（刑法235条）
- 本人の同意なく、自宅に上り込んだ場合－住居侵入罪（同法130条前段）
- 脅迫的なヒアリングを行って、供述を強要した場合－脅迫罪（同法222条）、強要罪（同法223条）

解　説　編

- 不当な事実認定を行い、これを公表した場合－名誉棄損罪（同法230条）
- 不当な方法で電磁的記録にアクセスした場合－不正アクセス防止法違反

3　管理上の制裁

業務として行った調査行為において違法行為があった場合、その調査行為自体が就業規則に違反するものであると、業務上の処分を受けることがあり得る。

たとえ不正の解明という目的が正当でも、その手段が違法、不当であれば、懲戒処分の対象となるのは当然である。

2　会社の責任

まず、調査担当者の不法行為責任が発生する場合は、会社についても使用者責任（民法715条）が発生し得る。

また、労働者との間では、労働環境配慮義務があるので、不当な調査により快適な職務環境が害されたと評価される場合は、債務不履行責任（同法415条）も発生しよう。

3　対象者を適切に処分できない場合

会社側の調査において違法行為があった場合に、たとえ対象者に就業規則に違反する行為があったことが判明しても、適切な懲戒処分を課すことができないことがある。

すなわち、会社の懲戒権の行使は、企業秩序維持権に根拠を有するが、その会社自身が違法な調査を行い、企業秩序を乱している場合、その懲戒権行使は信義則上制限されるというべきである。

そして、懲戒権行使が制限される結果、違法行為を行った労働者に対

する懲戒処分を軽減せざるを得ないこととなる。

4　事実認定が覆ったときの法的責任

　企業の担当者が行った事実認定や、外部の専門家の行った事実認定について、十分な裏付けを得たうえでなされた場合でも、その後の法的な手続において、事実認定の内容が覆ることはあり得る。

　たとえば、横領行為をしたとして懲戒処分をした従業員について、その後の裁判で事実認定が覆ったような場合である。

　この場合に、裁判の効果として、すでに行った処分の効果が覆ることは民間が自前でできることに限界がある以上、やむを得ない。

　しかし、これを超えて事実認定が誤ったことに対し、何らかの法的な責任が生じるかという問題がある。

　この点、業務執行行為として行われている以上、これまで述べたような適切な調査方法を履践し、正しい証拠評価を行った結果として導いた結論であるならば、業務上の正当行為として、法的責任は発生しないというべきである。

　他方で、これまで指摘したような、不適切な調査方法を行っていたり、あるいは十分な裏付けがないことを認識しながら事実認定を行ったような場合は、過失責任・故意責任を問われる余地はあるものといえる。

　したがって、本書で述べたような、適切な調査手法の履践は、結果的に事実認定が覆った場合における、調査担当者や会社の法的責任を回避するための、「保険」にもなることを意識する必要がある。

5　まとめ

　違法行為を行った者がいるのに、会社が調査手続を誤ったために、逆に賠償金を支払ったり、調査行為者のほうが処分を受けたりするという

解　説　編

のは、本末転倒であろう。

　さらに、調査手続を誤った結果、正しく処分ができないとなれば、会社として対外的な説明責任を果たせないことになるのであって、不正調査を行う究極の目的が達成できないことになるのは、極めて残念である。

　よって、本書で述べたような正しい調査手法を履践し、一時の感情や勢いだけで調査を進めないよう、留意することが必要である。

第8 不当な調査があった場合のリカバリー

1　瑕疵ある調査手続の治癒・遮断

　本書で述べているような適正な手続を怠って調査を行ってしまった場合、すでに述べたような各種法的な責任が発生することは免れない。

　しかしながら、本来の目的である、不正の事実の特定と説明責任を果たすという観点からは、手続が不正であったことだけをもって一切の調査結果が使えないとなるのは不当である。

　そこで、行為者や会社の法的責任は免れないものの、せめて調査の結果だけでも法的に使える状態にすることができないか、という問題を検討する。

　筆者は、不当な方法で行われてしまった調査手続（これを、「瑕疵ある調査手続」と表現することにする）については、「瑕疵の治癒」と「瑕疵の遮断」という方法で、調査結果への影響を最小限度にするという方法があると考えている。

2　瑕疵の治癒

　瑕疵の治癒とは、すでに犯してしまった瑕疵ある調査手続について、さかのぼって瑕疵の存在を帳消しにすることを目的とした作業のことをいう。

解　説　編

　本書で述べたようなヒアリングや証拠収集に関する適正な手法については、多くが対象者のプライバシーや管理権との関係で制約があるが、プライバシー権や管理権というのは、事後的に追認することで違法性や不当性を除去することが可能な権利である。
　すなわち、プライバシー権・管理権の侵害が行われたとしても、事後、その権利者が侵害の事実について許容すると述べたような場合は、さかのぼって権利の侵害性をなくす、あるいはその損害を放棄させることが可能なのである。
　例を出そう。
　筆者が実際に担当した事例であるが、会社が嫌疑者の自宅に上り込んで証拠品を収集してしまったという事例があった。嫌疑者は同行し、自宅へ上がり込むことについても承諾をしていたが、本書で述べたとおり、その場合でも自宅へ上がり込むことは慎むべきである。
　しかも、自宅から発見された証拠品には、不正の事実を裏付けるものが含まれておらず、嫌疑者の不正の事実を証明することができなかった。
　結果、案の定、嫌疑者は、「会社の人に強く言われて、しぶしぶ自宅への立ち入りを承諾した」などと言い始め、適正な手続を怠ったツケが会社に回ってきた。
　ここで、筆者に相談があり、筆者は次のような瑕疵の治癒を試みた。
　嫌疑者に対し、「あなたが会社の人を自宅に招いたのは、自分の潔白を証明するためではないですか」と尋ねた。嫌疑者は、「そのとおりです」と答えた。
　そこで、嫌疑者に対し、「なるほど、だから、自宅に上り込んでもらってでも、自分の身の潔白を証明しようとしたのですね」と聞くと、嫌疑者は「まったくそのとおりです」と答えた。
　このような回答を得たことから、「ということは、会社の人が自宅に上り込んだというのは、まさに、あなたの真意に沿ったものだったのですね」と言うと、嫌疑者も、「そういうことになりますね」と答えたので、

そのやりとりについて、書面化し、真摯な同意があったということを証拠化した。

もちろん、秘密録音も実施していた。

これによって、あわや、会社の調査担当者が自宅侵入で告訴されるかもしれないところを、事後の承諾によって違法性を除去することができたのである。

そして、この嫌疑者については、別の証拠で不正の事実を認定することができたのだが、その際にも、自宅へ上がり込まれたことが認定の邪魔になることを気にせずに、事実認定ができたのである。

この例は、極めてうまくいった事例であるが、瑕疵の治癒は事後でも可能であることがわかっていただけると思う。

3 瑕疵の遮断

瑕疵の遮断とは、瑕疵の治癒とは異なり、瑕疵の存在を事後的に解消することではなく、瑕疵は瑕疵として受け止めたうえで、その瑕疵による影響を最小限に抑え込み、他の適正な手続によって行われた調査や認定手続に影響をしないように、瑕疵の影響を遮断するという作業である。

これも例を出すと、先の自宅上り込みの事例において、自宅から証拠品を発見して持ち帰った行為について、瑕疵の治癒で対応できるのは自宅に上り込んだことまでであり、証拠品を持ち帰ってしまっている行為については、事後に承諾をしただけでは、その違法性を除去できない可能性があると考えた。

そこで、会社が持ち帰った証拠品について、いったん、本人に返却し、すぐに、「いったん返しますが、できれば、あなたの主張を裏付けるためにも、任意に提出したいと思っている。なので、提出してもらえないか」と告げ、いったんは本人に返却するという手続をとり、ここで瑕疵の影響を遮断し、改めて提出をさせることで、それ以降の調査手続に

瑕疵を影響させないという手法をとった。

　いったん返してしまうと提出しないと思われるかもしれないが、一度会社の手に渡ったものについて、その提出を再度拒むとなれば、自分で不正を自白するようなものであり、実際にはなかなか拒めないものである。

　とはいえ、再提出するかどうかは本人の意思であるし、瑕疵の遮断としての効果はあるのである。

4　瑕疵の治癒・遮断の専門家への依頼

　瑕疵の治癒や遮断が可能であることは理解できたと思うが、このような措置を会社が自前でやろうとしても効果は薄いし、瑕疵を生み出した主体である会社が治癒や遮断を試みようとしても、そもそもその行動自体が不適切であると判断されるリスクもある。

　したがって、「やってしまった！」と思ったら、すぐに不正調査の専門家に相談し、生じてしまった瑕疵に対する専門的なアドバイスを受け、時には筆者が行ったような具体的措置を講じることを依頼すべきである。

第9 マスコミ対応

1 総論

　かつて、マスコミ対応については、その対応しなければならない原因事実（不祥事の存在）と別個に論じる必要はなく、発生した事実を誠実に世間に表明するための過程の1つとして、不祥事対応の一類型にすぎなかった。

　しかしながら、当該原因事実自体は、さほど重大な問題ではないにもかかわらず、マスコミ対応のまずさによって、あたかも重大な不正であるかのような印象を形成されてしまい、本来の法的な責任あるいは社会的責任を大きく超える社会的制裁を受ける例が散見される。

　近時の例では、以下のようなものがある。

(1) 雪印乳業・食中毒事件

　「私だって寝ていない」という社長発言がクローズアップされ、社会的批判にさらされた。結局、同社は倒産した。

(2) 船場吉兆・消費期限偽装事件

　いわゆる「ささやき会見」として有名になった。本来、会見で伝えるべき事実関係が正しく伝わらず、また、食材の使い回しという後発の不祥事の発覚により、老舗料亭としての信頼を失い、倒産した。

(3) 阪急阪神ホテルズ・メニュー偽装事件

　当初の会見で、メニュー偽装について、「偽装ではなく、誤表示」と造

語し、責任逃れの姿勢が批判を浴び、一連のメニュー偽装事件の中で唯一、社長の辞任に至った。

これらは、いずれも、原因となった不祥事自体の責任を超える社会的制裁を加えられることになり、正しいマスコミ対応を行っていれば、倒産や社長の辞任などにはつながらなかったと考えられる事案である。

本項では、重大な不祥事発生時はもちろん、会社にとってはさほど重要でないと思っても、その対応を誤ると重大な不祥事発生と同様のインパクトが生じることがあるので、これを避けるためのセオリーを解説する。

2　開示時期

1　会社幹部の知った時期と公表時期

まず、必ず記者から聞かれる質問の1つとして、「いつ、社長（もしくは幹部）が知ったのか」という質問がある。

これは、①現場から幹部までに伝わる時間、②幹部が知ってから公表までの時間、のいずれも問題となる。

①については、一概にいえないが、記者に対するアンケートによれば、重大な結果を生じさせた事件・事故の場合、発生から2時間以内に幹部まで伝わらなければ、風通しの悪い企業として認識するとの意見が多くを占めた。

②については、正確性と迅速性の攻めぎあいである。

すなわち、正しい情報の発信、正確性を重視すれば、調査に時間がかかり、結果的に公表には時間がかかることになる。反対に、迅速性を重視すれば正確性は犠牲にならざるを得ない。

2　迅速性を優先すべき場合

ケースバイケースといわざるを得ないが、正確性よりも迅速性を重視

すべき場合は、次のような場合といえる。

(1) 人の生命、身体を害するおそれがある場合

自社製品で食中毒が出た、死者が出たという事実は、経営上、極めて大きなダメージとなる事実であり、このような情報に接した経営幹部としては、「本当に、うちの商品が原因なのか、きちんと確認したのか」という思いが最初に湧き上がってくるものである。

しかしながら、調査に時間をかけているうちに、さらに被害が拡大した場合、公表の遅れがその主たる原因とされる可能性があり、最悪の場合、過失犯ではなく、故意犯としての刑事責任を問われかねない。

したがって、まずは保健所への速やかな届け出を行い、その指示に従うべきであり、保健所から念のために、調査結果が出るまで注意喚起をするようにアドバイスがあった場合は、「原因の可能性があるので調査結果が判明するまで、差し控えてください」という対応を早期に行い、回収できる製品は回収するなどの早期対応を行うべきである。

調査の結果、自社製品が原因でなかった場合、回収した分、売れなかった分が損失となるが、消費者向けには、原因がはっきりしていない段階で速やかに対応したことが、何よりもの安心材料となり、結果として、当該企業のイメージアップとなる。

いわば、これら費用を、宣伝広告費として理解し、費用をかけることを躊躇してはならない。

(2) 疑いのある製品の回収が困難な場合

世に出たものについて、ただちに全数回収できる場合は、まず回収してから調査することも可能であるが、回収見込みがない、あるいは困難な場合、回収が完了するのを待つのではなく、同時に公表告知し、使用や摂取を控えるように呼びかける必要がある。

食品に関しては、賞味期限が長い製品については上記同様の対応をすべきであるが、賞味期限が短く、事案発覚時には消費・廃棄されている可能性が高い場合は、早期告知の必要性は低くなる。

解説編

3 会見に向けた準備

1 ポジショニングペーパーの作成

　不祥事が発生した場合、特にその現場が本社から離れている場合、情報が錯綜し、誰の情報が正しいのか、わからなくなる。

　そこで、情報を集約する役割の者を指定し、現場も本社も、必ずこの者への情報共有を行う体制を整えるのが第一である。

　そして、この情報集約者は、①事案についての５Ｗ１Ｈ、②想定される原因の列挙、③当面の再発防止・被害拡散防止策をペーパーにまとめ、関係者に共有することに専念することになる。

　このペーパーのことを、ポジショニングペーパーと呼び、その後のマスコミ対応の際の基軸にもなる。

　なお、このポジショニングペーパーの上部には、タイムスタンプを入れ、ファイル名にバージョンを記載すべきである。いうまでもなく、どの時点での情報であるのか明記していなければ、正しい情報、未集約の情報が判断できないからである。

2 会場の選定

　会見に慣れている会社などはほとんどないと思われ、会見をするとしてもどこでやるべきなのかの判断もスムーズに決定できないことが多い。

　この場合、本社や会社の敷地内で行うことは、記者の常駐を許し、情報や取材の統制がとれなくなってしまうので、極力避けるべきである。

　理想は、ホテルの宴会場、証券取引所などのメディアスペースなど、社外の設備の利用である。

　危機管理の担当者としては、緊急会見を開かなければならない場合に備え、ホテルなどの候補地を、２・３リストアップしておく周到さは必

要であろう。

記者会見に向いている会場とは、記者の出入口と会見者の出入口が明確に分かれており、退席時のぶら下がり取材を避けられる配慮、通路確保が可能な会場である。

このあたりは、ホテルの宴会責任者と連携をとり、日ごろからリサーチしておくことをお勧めする。

3 マスコミへの通知

よくいわれることであるが、企業が普段付き合いがある記者とは、各紙経済部の記者であるが、不祥事となった場合、担当は社会部の記者となることがある。

本書に従った調査を行い、マスコミへの発表タイミングをコントロールができる場合は、普段付き合いのある経済部へ一斉にファックス送信しておけば、まずは経済部からの取材となることが期待できる。

同じ新聞社・報道機関でも、経済部と社会部間での情報共有が十分な会社は少ないという実情があり、最初にキャッチされるのがどちらであるかによって、その後の会見対応のスムーズさに影響がある。

そして、社会部記者からの取材対応となってしまった場合は、マスコミ対応コンサルタントの支援を受けることをお勧めする。

4 会見当日の準備

1 資料の準備

会見をするにあたり、事案について誤解を含んだ報道とならないように、事案の概要や原因について、なるべくわかりやすい資料を用意することが重要である。

できれば、パワーポイントのような視覚性の高いものによって、その業界にまったく明るくない人でも一通り理解できるようなわかりやすい

解説編

資料を作成するべきである。

　ここで、変に専門用語を並べたてて、煙に撒こうなどとは思ってはいけない。

　特に、第1回目の会見において、資料のわかりやすさ、伝わりやすさは、その後の会見対応の明暗を分けるといってよい。

　また、資料づくりにおいては、数字の引用には特に留意が必要である。

　記者にとって、数字ほど自由に解釈できるものはない。

　会社側としては、数字こそが二義を許さない存在であると考えて、安易に数値を開示する傾向にあるが、1つの数字だけを取り上げられてクローズアップされた場合、小さな問題があたかも大きな問題であるかのように印象付けることが可能となってしまう。

　よって、数字を出すときには、他の事例との比較やその業界の平均値など、数字の位置付け、評価の基軸となる数字も同様に出すように心がけるべきである。

2　弁護士の立ち会い

　早い段階で、弁護士に相談し調査も行ってきたような場合、幹部とともに弁護士が会見に同席することがある。

　しかしながら、社長が出席しているのに、代理人の弁護士のコメントを報道する報道機関はほとんどないといってよく、弁護士が立ち会い、説明したとしても、改めて社長自身が回答するよう求められ、その様子が報道されると理解すべきである。

　このような事態は、社長が不正の内容について十分理解できていれば特に気にしなくてよいが、社長の出身部署ではない部署での不祥事など、不祥事の構造を説明するのが困難な場合は、弁護士による説明や助言を得られないのも、リスクがある。

　筆者は、記者会見の指導のみならず同席も行うが、記者会見の冒頭に資料を用いた事案の説明を行い、事案を正しく理解をしてもらうための

工夫を凝らしている。
　そして、会社としての見解や以後の対応については、社長にコメントしてもらい、記者側の取材ニーズも満たすようにするのである。
　このように、記者会見において弁護士が立ち会うならば、事案の正しい理解という範囲で、活用することを検討すべきである。

解説編

第10 第三者委員会

1 第三者委員会とは

　近時、企業（特に上場企業中心に）が不祥事を発生させた際、第三者委員会を設立し、客観的な立場からの調査やその結果に基づく提言などを得て、対外的な企業の説明責任を果たすというスタイルが多くなってきている。

　第三者委員会といっても、さまざまな類型があり、その達成しようとする目的によって、設置する時期、委託する範囲、委員の構成の組み合わせが異なる。

　まず、各論を論じる前に、そもそも第三者委員会は、企業にとって、どのような存在であるのか、という軸となる部分を論じておきたい。

　ここの軸を見失うと、いきおい、目先の現象だけにとらわれた対応をしてしまい、せっかくのコストをかけた第三者委員会の活動が十分に生かされないおそれがあるからである。

1 根本にあるのは企業の説明責任である

　もともと、株式会社は、所有と経営の分離の思想のもと、所有者である株主から委託を受けて、経営を行うというスタイルを基本としている。

　そして、委託委任関係において不可欠なのは、受託者から委託者に対

する報告である。

　普段の業務執行については受託者である経営陣に委託している以上、委託者である株主がリアルタイムに会社の業績の状況に関する情報を得ることはできないので、委託者から受託者に対し、どのようなタイミングでどのような内容の報告をしてほしいかということを、個別に指示する必要がある。

　これを会社法や金融商品取引法では、個別の指示がなくとも、一律、委託者である株主に対する報告（将来株主になる可能性がある一般投資家も含む）を義務付け、相互の委託信任関係の前提である報告義務を規定した。

　そして、当然、その報告の内容はいい加減なものであっては意味がないので、正しい情報を適時に、わかりやすく提供することが、当然の要請として求められている。

　このように、株式会社の運営とは、経営陣による株主に対する説明責任が適切に果たされることを、本質的に含んでいるのである。

　これを不祥事発生時に置き換えると、正しい経営を期待していた株主の期待を裏切る事態が不祥事の発生であるから、受託者である経営陣は、不祥事に関する正しい事実関係はもちろん、その背景や原因、今後の対策について、正しく適切な情報を説明し、その投資判断や経営陣に対する信任の是非の判断材料を提供する必要がある。

　ところが、経営陣自らが経営を行っていたうえでの不祥事の発生である以上、大小あれど経営の管理のまずさが含まれているはずであり、自ら不利な情報を、自らに対する委託権を有する株主に提示しなければならないことになり、利益が相反する関係にある。

　このような利益相反の関係にある者だけに、不祥事に関する正しい情報の提供を期待することは不適切であるという思想が、第三者委員会の必要性に直結している。

　なお、監査役や監査等委員会など、企業のガバナンスを株主に代わって点検する役割をもつ役員も存在するが、残念ながら日本の実情では十

解　説　編

分な機能を果たせているとはいえないというところも、第三者委員会の必要性に寄与しているといえる。

　諸外国では、第三者委員会の設置という例は多くないという報告を耳にすることがあるが、それは企業のガバナンス維持に対する実態の違いに基づくものであり、わが国においては、第三者委員会という存在が、日本の企業風土を背景とした独自の役割と期待をもったものとして形成されてきたといえよう。

2　第三者委員会は株主・市場のため

　以上のとおり、企業の説明責任を果たすという大きな目的達成の中で、利益相反関係のない者による説明責任の補完として、第三者委員会が位置付けられる。

　とすれば、第三者委員会に期待されている役割は、現経営陣の保身の役に立つとか不祥事を矮小化することではなく、株主や市場の関心事に資するということが本質的な役割となる。

　すなわち、株主や市場の代理人的な立場で不祥事に向き合う存在が、第三者委員会にそもそもの期待される役割である。

　したがって、第三者委員会に対する委託事項は、この株主や市場の関心事に応えることを目的としたものでなければならず、いたずらに範囲を限定することになれば、それはそもそも第三者委員会の体裁をなしておらず、株主や市場の代理人ではなく、経営陣の代理人としての委員会に成り下がってしまう。

　いうまでもなく、このような経営者の代理人になってしまっている第三者委員会の出した結論に対しては、そもそも市場の要請に応えていない以上、まったく無意味なものとして評価されることになるし、自主規制法人をはじめとする市場の番人からは、手厳しい評価を受けることになり、やり直しを余儀なくされるであろう。

3　第三者委員会は会社のため

　以上のとおり、第三者委員会の本来的目的は、株主や市場に対する説明責任の補完であり、株主や市場のために存在するものであるが、結局それは、会社の存続のために役立っているということである。

　大変不幸なことであるが、現在、第三者委員会と聞いて恐怖を感じない経営者は少ないのではないか。

　何やら、よくわからない人たちが会社に乗り込んできて、事情もよくわかっていないのに勝手なことを認定して、不満足な結論を導き出し、会社が反論しようものなら、マスコミに対していろんなことぶちまける、というイメージが存在しているが、これは本質を見誤った評価であり、一部の特異な現象を過大に評価している。

　筆者から見て、第三者委員会とは、企業の心強いサポーターであり、企業が不祥事の発生で風評被害に苦しみ、信頼回復のタイミングや方法が見出せない中で、1つの光明を示してくれる存在である。

　もちろん、不祥事に関わった者、不祥事を見逃した経営責任のある者にとっては、まさに怖い存在であることには間違いないところであるが、会社の存続という視点からは、会社を滅ぼしにきた侵略者ではなく、会社の存続のために必要なことを行い、助言してくれる存在となる。

　このように、第三者委員会の設置は、会社の将来を考えれば有益であることが多いが、他方で、現経営陣がそのような達観ができるような人物でないかぎり、恐怖しか感じないという、ねじれ現象が生じている。

　後述するが、自分の保身を考えることなく、正しい方策の選択をする存在として、監査役、社外役員の役割が極めて大きい。

2　どのような場合に第三者委員会を設置すべきか

　それでは、どのような場合に第三者委員会を設置するべきか。

　一般に、不祥事の端緒イコールただちに第三者委員会の設置とはなら

解説編

ず、順序としては、①自社調査、②専門家の補助による調査、③第三者委員会の設立、という流れをたどることになるので、それぞれの要素を解説する。

1 自社調査の限界について

まずは、どんな事案でも自社での調査から入るはずであり、本書で述べているようなルールを遵守しながら、事実関係の確認を行うことになる。

そして、次の要素が見えてきたときには、自社だけの調査は早々に終了し、不正調査の専門家にアドバイスを求めたり、専門家による調査に切り替えるべきである。

(1) 当事者が否認している

刑事犯罪もしかり、いつの時代も自白は証拠の王である。やはり、実際に不正を行った人間が、詳細を語るに勝る証拠はない。

そして、嫌疑者が否認した途端、調査で得るべき証拠のレベル感、手間などが格段に複雑化・高度化することになる。

よって、関係者が口をつぐむ、嫌疑者がヒアリングを拒否する、虚偽の供述をする、否認するなどの非協力的な態度に出始めたら、調査は異なるステージに移ったと考え、ただちに専門家のアドバイスを求めるべきである。

(2) 端緒が内部告発であるが身元が明らかでない

この場合、詳細な供述が得られないため、素人による調査では限界がある場合が多い。かといって、そのまま内部告発があったことを放置すると、会社にとって重大な損害が発生する可能性がある。

よって、重大な不正に関する内部告発があったが、内部告発者が身分を明らかにしないために調査が進まないときも、専門家に依頼すべきである。

(3) カルテル

カルテルの疑いが生じた場合、いかに早く減免申請を行うかという特

異な問題があるため、調査当初から、減免申請を意識した調査を開始する必要が高い。よって、カルテルに関する端緒を得たら、自社での確認作業を開始する前に、競争法の専門家をはじめとする調査の専門家に相談に行くべきである。

過去の事例では、ほんの数時間の差で減免申請の順位が決まった事例や、減免申請が遅れたことを理由として提起された代表訴訟の例（後掲、住友電気工業株主代表訴訟事件）などがあるので、とにかく、減免申請制度のあるカルテルだけは、自社での調査をする前に、専門家に相談すべきである。

2　専門家調査から第三者委員会へ

専門家による調査を行い、いよいよ不正の存在が見えてきた場合、ここで第三者委員会設置のタイミングを計る必要がある。

第三者委員会の類型として、事実関係の調査も行い評価も行うという「判検一致型」（検察官役と裁判官役が同じ人間である）と、事実関係の調査には関わらず、原因の解析や再発防止策の提言に役割を限定した「提言型」に大別できる。

そして、後者の目的での第三者委員会であれば、事実調査は引き続き専門家が行い、出た結果を待って、第三者委員会を設置することになるので、比較的移行時期がわかりやすい。

ただし、先に見たプリンシプルや日弁連ガイドラインは、事実調査を行わない第三者委員会をあまり歓迎していないと思える。

実際の問題としても、事実関係と評価作業は、実は表裏一体の関係にあり、前提となる事実関係が誤っているかもしれないのに、その評価をしてみてもあまり意味がなかったり、他者の行った事実認定を理解するためには結局自ら証拠類を読み込む必要があって、事実関係調査を行っているのと変わらなかったり、会社の中立性アピールのためには事実関係の調査からも第三者が行ったほうが見栄えがよい、などの諸事情で、事実関係の調査から第三者委員会に委託すべきという傾向が強くなって

きている。

　このような情勢のもとで、あえて火中のクリを拾うがごとく、事実関係調査を第三者委員会に依頼しないという選択肢は現実的でない。

　とすれば、専門家による調査によって事実関係が見えてきた状況の中で、どのタイミングで切り替えるかということは、別途、検討しておく必要がある。

　このタイミングはケースバイケースであるといわざるを得ないところであるが、次のような要素を考慮しながら検討することになろう。

(1) **専門家の調査能力と切り替えのタイミングは無関係である**

　企業からすると、外部の存在でもある調査の専門家が調査をしているのであるから、また一から調査のやり直しをするような事態は避けたいという思いがあるかもしれないが、本項冒頭で述べたように、第三者委員会の機能は株主および市場への説明責任の補完であるから、調査行為そのものが市場から見て客観的で、公正になされているかという点が重視されることになる。

　したがって、複数人のさまざまなバックグラウンドを有する委員会による調査が行われているという事実が重要なのであり、その前に行っている専門家調査の調査精度や正確性の問題とは関係がない。

(2) **上場企業である場合**

　すでに見たプリンシプルを前提とすれば、自主規制法人は第三者委員会の設置を原則的に見ているので、上場企業において不祥事事例が発生し、その不祥事の確実性が専門家調査で明らかになってきた場合は、ただちに第三者委員会の設置準備に進むことになろう。

(3) **過去決算の修正の可能性がある場合**

　偽装にせよ不正会計にせよ、不正が行われてきた期間が判明してくると、過去の決算について修正の要否が見えてくる。

　このような場合に、いつまでも特定の専門家の調査にゆだねていると、適時開示の時機を逸しかねないため、不正が過去にさかのぼって継続的に行われているなど、過去決算修正の可能性が出てきた場合は、た

だちに開示の準備を行うとともに、第三者委員会設置に動くべきであろう。

3 第三者委員会設置の流れ

それでは、いざ、不祥事が発生し、第三者委員会の設置となるまでに、どのようなことを検討し、手続を踏んでいくことになるか、それぞれ解説することする。

1 第三者委員会の人選

第三者委員会の設置を決めたときに、最初にぶつかるのが、「誰に頼むのがいいのか」という問題である。

すなわち、すでに述べたように、第三者委員会の役割が株主や市場に対する説明責任の履行補助である以上、これにふさわしい資質・能力の持ち主に就任してもらう必要がある反面、企業側の本音として、あまりに厳しいことをいうような人はできれば避けたいという思惑もあり、経営陣にとっては、自分たちからヒアリングをしたり改善点を提言する存在を自ら選ぶというステージであるため、この時点ですでに保身の思惑や矮小化の誘惑に駆られるのである。

いっそのこと、裁判所や自主規制法人あるいは金融庁が一方的に押し付けてくれるほうがまだ、気が楽である（なお、筆者は、いずれこのような制度化が必要な時代になると考えている）。

しかしながら、後述するように、第三者委員会のメンバーの諸費用を負担するのは会社であること、押し付けられた関係では会社側の協力が得られにくいということから、いまだ会社が自ら選任するしかないのが現状である。

(1) 第三者委員会の構成メンバー

これまで第三者委員会のメンバーとして登用されたことのある者として、どのような者がいるかを紹介する。

解　説　編

① 弁護士

　企業の不祥事に係る問題には、すでに述べたような専門的な事実認定や、場面場面での法判断が必要になることが多いため、弁護士をメンバーに加える場合が多いであろう。

　このとき、弁護士であれば誰でもよいかといえば、すでに触れた自主規制法人のプリンシプルや、日弁連の定める第三者委員会ガイドラインを前提とするかぎり、かなり制限があると見るべきであり、企業の人選の悩みを増やしている。

〈イ　これまで、当該企業と何ら取引関係がなかったこと〉

　プリンシプルでも強調されているとおり、第三者委員会の役割を十分に発揮するためには、必要な調査を遂げられるだけの客観性・独立性が必要であり、これまで顧客として接したことのある企業については、その客観性・独立性が疑わしいので避けるべきである。

　したがって、顧問弁護士はもちろんのこと、これまで依頼したことのある弁護士は、すべて除外するのが妥当である。もっとも、後述するとおり、これまでまったく付き合いのない弁護士に依頼するのは、企業も受任する弁護士も困惑する要素があるので、これら関係のある弁護士の紹介を受けるということは許されているといえる。

〈ロ　スピーディーな調査体制があること〉

　筆者のような、業務の99％が不祥事対応という弁護士の場合、業務の繁忙期と閑散期が交互に訪れる。

　従来型の弁護士業務を主とする弁護士は、顧問業務しかり、日常の訴訟業務しかり、一定量の業務が一定の周期で訪れ、常時忙しい、常時何らかの業務を抱えているという状況にあるのが通常である。

　後述するように、第三者委員会による調査期間は、2か月が最も多く、3か月を超えると長すぎると評価される傾向にある。

　とすると、初めて接することになる企業で起きた不祥事について、一から知識を習得しつつ、事案の解明をするということをするわけであるから、必然的に調査期間中は、弁護士活動のほとんどの時間を調査に費

やすことになる。

よって、通常の業務形態を行っている弁護士が急にほかの仕事を放り出して対応するというのは不可能であり、手が空くのを待っている余裕は企業の側にはないのである。そのため、ただちに大がかりな調査をスピーディーに対応してくれる弁護士あるいは法律事務所となると、かなり選択肢が狭まってしまうのが現実である。

〈ハ 大手法律事務所への依頼〉

以上のことを踏まえ、大型の不祥事調査案件では、大手法律事務所の独壇場となっている。

名目上、他の弁護士が第三者委員を務めていたとしても、その弁護士からさらに委託を受けて実際の調査実務に関わるのは、大手の法律事務所であることも多々ある。

このように、大手事務所は不祥事案件の調査においては重要な受け皿となっているのは、常に多くの弁護士を抱えており、全員が常に業務で手が離せないという状況ではない、あるいは忙しい弁護士も数を集めれば、それぞれの手すきの時間を寄せ集めることで、量としての調査時間を確保できるからである。

よって、今後も、大手法律事務所が不祥事調査の重要な担い手になっていくことは間違いないところであるが、落とし穴もある。

すでに述べたとおり、今後、客観性・独立性の要請が強く働く第三者委員の資質において、過去、取引関係にないという条件を満たそうとすると、たいていの大手法律事務所は大企業との取引を経験しているという壁がある。

これは、社外取締役の候補者を輩出するという場面でも最近よく指摘されている問題であり、ある大手法律事務所は社外役員への就任を許可制にしたり、禁止したりしている。

大手であればあるほど、そして企業が大手であればあるほど、何らかの依頼をしたことがある法律事務所が多く、これを排除してしまうと、大手事務所のほとんどが候補から外れなければならなくなる。

解説編

　社外取締役や、いわゆるコンフリクトに関しては、「チャイニーズウォール」というロジックを使い、大手事務所内でも複数受任しても構わないという傾向にあるが、おそらく、第三者委員会の場合は、そのようなロジックは通用せず、大人数の弁護士がいる中で、1人でも受任したことがあるのであれば、依頼対象から外すべきであると判断される可能性が高い。
　さらに、第三者委員は形だけ置いて、その実質は大手法律事務所が調査を受任するという形の調査も、今後は、誰が実質的な調査に関わったのかまで自主規制法人の質問が飛んでくることも予想すべきである。

〈二　元検察官・元裁判官への依頼〉

　不祥事調査の担い手として、元検察官・元裁判官という弁護士も、多く就任しているという現実がある。
　特に、元検察官は、その厳しいイメージから調査の正当性に対するエクスキューズになったり、また実際、的確なヒアリングや証拠収集が期待できるとして、ニーズは高まっている。
　しかしながら、これらの職歴を有する弁護士を第三者委員あるいは調査チームとして採用する場合には、いくつか留意点がある。
　1つめは、企業実務に疎いということである。
　たとえ特捜部などで企業犯罪を捜査した経験があったとしても、それは捜査というフィルターで証拠を見ていたにすぎず、犯罪の立証の観点からの証拠選別・証拠収集をしたことがあるにすぎない。
　すでに述べたとおり、第三者委員会に期待される役割は、株主や市場の関心事について解明して説明することにあり、必ずしも法令違反に限られないし、企業風土という正解のない世界についても一定の判断をしなければならない。
　いわゆる生粋の弁護士のほうがまだ、企業の日常の相談を受けて、企業の決裁の実情や経営判断の現状について知見があるかもしれない。
　このように、いわゆる目の付けどころという意味で、きちんと第三者委員会としての役割が果たせる、企業実務への理解がある弁護士に依頼

することをお勧めする。

2つめは、会計的知識に長けているわけではないという点である。

検察官・裁判官経験者で、脱税や不正会計という不正の領域における会計知識には通じている者もいるが（それでも、全員が経験できることではなく、特捜部経験があっても会計知識が十分でない者も多い）、企業会計、特に管理会計の分野にはほとんど触れたことがないのが実情である。

不正会計事案はいうに及ばず、偽装事件であっても、その動機が売り上げの向上、事業部会計の改善、本社費の配賦などがあったり、管理会計上の知識がなければ正しい動機を解明できない。

特に、組織として行われる不祥事は、いわゆる刑事事件でよくあるような個人的な利得を得たいという動機ではなく、組織としての見栄えや会計数値の改善、不自然な変動の抑制といった、企業会計を動機とするものも多い。

このように、検察官・裁判官時代にはあまり考えなかったような動機・背景が潜んでいることが多い不祥事案件にあっては、これらの企業会計に通じていることが望ましいし、難しそうであれば、後述する公認会計士を委員に加えるなどしてその能力を補完しておく必要がある。

そして、このような欠点、特徴があるということをきちんと自認していて、企業から依頼があったときに、正直に自分の得意分野や苦手な部分を話してくれて、他のメンバーで補完することも提言してくれるような弁護士であると、非常に信頼して委託することができると考える。

② **公認会計士**

不祥事事案において、公認会計士もまた、第三者委員会などの構成メンバー候補として、よく選任されている。

不正会計事案であれば当然選任されていると思うが、過年度修正の必要が生じそうな長期間にわたる不正案件などでも、会計知識のある者による調査は有効である。

もちろん、これらについては、当該企業の会計監査を行っている監査

解説編

法人が最終的な責任をもつところであるが、監査法人は、客観的な立場であるといいつつも、企業から多額の監査報酬を受け取っていることや、そもそも過去の監査において不祥事を見逃したと言われ得る立場でもあることから、監査法人の判断だけにゆだねるのは危険が大きい。

よって、過年度修正も含め、正しい会計を開示するためにも、公認会計士の委員は必要性が高い場合が多い。

③ 大学教授をはじめとする専門家

事案によっては、不祥事の起きた現場や素材が極めて専門性があり、専門家の弁護士や会計士だけで判断するのが難しい場合、その分野に詳しい学者を委員に加える場合がある。

ただ、専門知識が必要だからといって、必ずしも、「委員」として選任しなければならないということはなく、単に調査の一環として専門家からのヒアリングを行ったり、あるいは補助者として活用することで、所期の目的を達することが多いのではないかと考えている。

これまでの筆者の経験から、企業経営経験のある学者や専門家でもないかぎり、弁護士や会計士以上に企業実務に疎いのが学者であり、そのような者に弁護士や会計士と対等に議論しあい、事実認定や評価について適切に意見を述べることを期待するというのは、少々、酷であり、実際には、弁護士委員、会計士委員の意見にあがなえず、意見が素通りするということが起こっている。

よって、単に専門性が高いからというだけで、安易に第三者委員会の委員としての選任をするのは早計であり、先に他の委員を選任してから、その委員の意見を十分に尊重したうえで、依頼をするかどうかを決するのが妥当である。

(2) 依頼ルート

第三者委員会の構成として、目的に沿ったメンバーの資質を決した後は、実際に誰に頼むのかということが問題となる。

① 顧問弁護士や監査法人からの紹介

最初に思いつくのは、顧問弁護士や監査法人に対し、適切な人物の紹

介を依頼することである。

　特に弁護士の場合は、突然飛び込みで依頼を試みても「はい、そうですか」と受けてくれる可能性は低く、つてをたどっていくのが現実として最も多いルートであろう。

　これは、後述するような、高名・著名な弁護士、過去の実績がある弁護士に依頼したい場合にも妥当し、いきなり連絡をして受けてくれることを期待するよりは、まず、顧問弁護士や知人の弁護士に相談をもちかけ、適切な弁護士や、こちらが頼みたい弁護士への相談ルート確保を依頼するのが最も早く、また適切であろう。

　ちなみに、日本弁護士連合会には、日本CSR普及協会という組織があり、不祥事対応を常に研究している専門弁護士が多数所属しているし、大阪弁護士会と近畿公認会計士協会が提携して、第三者委員紹介制度を運営しているので、どうしても適切なつてがなければ、これらの組織を頼ることもお勧めしたい。

②　高名・著名な弁護士への依頼

　すでに述べたとおり、不祥事対応は極めて専門性が高いうえ、経験値が要求される世界であることから、同じ弁護士が何度も登場することがある。また、執筆などを通じた情報発信力のある弁護士も増えており、いざというときに頼りたくなったり、あるいは経営者を納得させるときの説得力としても機能することがある。

　筆者としては、不祥事対応は著名かどうかで決めるのではなく、自社との相性や依頼する趣旨を理解できる弁護士かどうかで決めるべきであると思っている。

　また、自主規制法人が、特定の法律事務所、特定の弁護士を高く評価しているという現状はなく、有名な弁護士に依頼したからといって、審査が甘くなるという可能性は一切ない。

　よって、高名・著名というのは必要条件でもなければ、十分条件でもない、というのが筆者の意見である。

解説編

2　委託の範囲

　第三者委員会の設置を決めた後、次に問題になるのが委託の範囲である。

　先に見た自主規制法人のプリンシプルでも、日弁連のガイドラインでも、いわゆる「網羅性」を重視している。

　すなわち、起こった事象だけにとらわれず、その事象を生み出すに至った理由や背景の検証、そしてその検証の一類型としての同種他事例の有無の調査が要求されている。

　企業からすれば、発生した不祥事だけでも対応が大変なのに、第三者委員会の調査で他の不祥事が掘り出されてはたまらないというのが本音であろうが、残念ながら、網羅性抜きの調査は、そもそも客観性・独立性のある調査とは評価されないといえよう。

　もっとも、網羅性といいつつ、どの範囲までを含むかという現実的な問題は残る。

　すなわち、第三者委員会の側からすると、企業からすべての不正をあぶり出してほしいというオーダーをされた場合、そのようなオーダーに応えられるだけのスキルも時間的余裕もないことが多く、安請け合いすることができないという思惑もあったりする。

　このように、企業側、第三者委員会側のそれぞれに、適切な網羅性とは何かという問題が常にのしかかり、なかなか正解が見当たらないというのが実情である。

　そもそも、網羅性を満たしているかどうかという議論は、潜在的な事象について、きちんと調査したかどうかという問題であるところ、そもそも潜在的な事象である以上、きちんと洗い出せたかどうかの検証など不可能である。

　したがって、いわゆる定量的な発想での網羅性チェックはその性質上不可能であり、必然的に、定性的な発想の調査、すなわち、網羅性を満たす可能性が高いと思われる調査手法を組み合わせて実施したかどうか

という点で評価をするほかないものと思われる。

そして、定性的に評価せざるを得ない以上、結果的にとりもらした不正があり、事後、発覚したとしても、その事実だけをもって網羅性を満たしていない調査であったと判断するのは不適切であろう。

3 第三者委員会との契約形態

(1) 個別の業務委託契約

基本的に、業務委託契約となり、個々の委員との個別契約とするのが原則である。

例外的に、1つの法律事務所にすべて委託するような事案で、法律事務所との契約という場合は、まとめて1つということもあり得るが、現実的には第三者委員会を1つの法律事務所だけで構成するというのは、極めてレアケースであろう。

そして、業務委託契約の中で、委託の範囲や報酬形態について、決することになる。

(2) 調査補助者の扱い

通常、第三者委員会の調査では、補助者として、各委員の事務所所属の弁護士や会計士を活用したり、あるいはデジタルフォレンジックを実施するベンダーなど調査ツールを駆使するための補助者を活用することが多い。

これらの補助者との契約関係についても、検討しておく。

① 弁護士・会計士を補助者として活用する場合

この場合は、補助者ごとに契約をするというのは非効率的である。

よって、各補助者を活用しようとする各委員のうち誰かから補助者への発注という形態をとるのが一般的であり、委員との業務委託契約の中で、補助者として弁護士・会計士を活用することや、その場合の報酬請求はその委員がとりまとめて行うことなどを明記するのが通例である。

② デジタルフォレンジックのベンダーとの契約

ベンダーとの契約は、各委員からの発注とするか、ベンダーとの契約

は会社との間で実施するかという問題がある。

　ベンダーとの契約においては、調査範囲のハンドリングの問題があるので、実態としては委員の下請けとして活動することになるが、契約の形態として、どちらで整理するかという問題である。これは、各会社の事情や各委員の意向で決すれば足り、特に有利不利はない。

　たとえば、会社の経理処理の便宜で、複数のベンダーとの契約管理ができないということで、各委員からベンダーへ発注し、会社への請求の際には、ベンダーの分を実費として計上して会社に請求するということを希望する会社もある。

　この場合は、ベンダーへの支払処理について、危険負担を各委員に負わせることになるので、引き受ける側の委員としては、当該不祥事によって会社が倒産するリスクはないか、あるいはベンダーへの支払が先払になってしまう場合に、所属する事務所の資金繰りに影響しないかという現実的な問題を検討しなければならない。

4　報　酬

　報酬をどのように定めるかはいうまでもなく、各委員や補助者との個別協議であるが、多くの場合、時間制報酬（タイムチャージ）であろう。

　よって、時間制報酬の単価について契約し、発生する時間に応じて、月締めなどの方法で支払をするのが一般的である。

　　このとき、企業の側から
　　・月ごとのチャージの上限を決めてほしい（いわゆる、キャップをはめる）
　　・作業見積りを出してほしい
　　・総額の見込みを教えてほしい

などの要望が委員側に対してなされることがあるが、残念ながら、いずれもその希望が通ることはないと思うべきである。

　これらの要望は、いわゆるM&Aなどの積極投資事例における要望と

してよく提示されるところ、投資事例の場合は、費用対効果を図る必要があるため、かかる費用の総額を把握することは重要であろう。

しかしながら、第三者委員会の設置をしなければならないような追い込まれた状況において、費用対効果とか、相見積というような余裕などないはずであり、実際には、要求されたら要求されただけ、支払わざるを得ないのが実情である。

それでも、あえて相場をいうのであれば、
- 時間制単価につき、5万円を超えるのは高い
- パートナークラスで、3万5000円から5万円が通常レート、アソシエイトで2万円から3万円が通常レート
- 過去の第三者委員会設置事例で、平均的な費用は、1億円から1億2000万円である。

というくらいであろう。

もちろん、あくまで1つの目安であり、事案の難易度や企業の実情に応じて自由に決めることができる事柄であるが、参考値として知っておいて損はない。

4 第三者委員会設置の決断は誰がするか

1 社外役員・監査役の重要性

第三者委員会の設置は、業務委託行為であるから、当然、代表取締役との契約を締結することになる。

しかしながら、開示の対象であることや多額の報酬が発生するので、当然、設置は取締役会決議事項である。

タイミングよく定時役員会が開催されればよいが、たいてい設置は急であるため、臨時役員会を招集し決議することが多く、関係者のスケジュール調整も見越した対応が必要となる。

では、その前段階で、第三者委員会の設置を決断するのは誰か、とい

う問題がある。

　不祥事の端緒に最初に接するのは現場であり、現場に近い管理職である。その管理職がただちに経営陣に報告を上げて、社長が調査を指示し、自社内の調査を行うのが通常であろう。

　もしここで、社長と社外役員・監査役の信頼関係が高度であるならば、この調査開始の時点で情報共有が行われるであろうが、外様状態にある社外役員の場合は、なるべく不確実な情報を共有しないというスタンスで対応されてしまうことが多い。

　そして、社内調査（時には専門家の調査）が行われ、いよいよ不祥事の存在が確定して「さてどうする」というタイミングで社外役員や監査役に情報が共有される。これが最も多い実情ではないであろうか。

　とすれば、社外役員・監査役が知るころには、すでに状況は切羽詰まっており、ただちに行動をとるべきタイミングが来ていることになる。

　かかる状況においては、第三者委員会の設置判断において、社外役員・監査役が極めて重要な役割を担うことになる。

2　監査役

　監査役は、平時には取締役会の出席メンバーとして、適宜発言し、役員会構成メンバーとの連携を図っているところであるが、不祥事が発生したと知ったときからは、180度立場が変わることを意識しているであろうか。

　すなわち、現役員の中に不祥事に関わった者がいるなど、今後発生する損害を賠償するべき人間がいる場合は、会社は当該役員に対し賠償請求を行う必要があるし、不当に賠償請求をしない場合には代表訴訟が提起されることになる。その最初の重要なジャッジである、会社がどの役員に請求するかの判断にあたり、会社を代表するのは代表取締役ではなく、監査役なのである。

　そして、これは監査役の権限であるから、情にほだされて必要な責任追及をしなければ、その怠ったツケは監査役の任務懈怠責任として返っ

てくることになる。

　以上から、不祥事が発生してからの監査役は、まさに他の業務執行役員とは相反する関係になってしまうという極めてつらい立場になる。

　よって、監査役は、自身の任務懈怠責任が発生しないように、役員の行動をより一層厳しく監査する必要があり、第三者委員会設置のタイミングが来ているのに何もしようとしていない場合は、取締役会の招集を請求し（会社法383条2項）、招集されない場合は自ら招集し（同条3項）、必要な対応を促す必要がある。

3　社外役員

　日弁連の社外取締役ガイドライン（2013年2月14日、2015年3月19日改訂）では、弁護士が社外取締役となった場合の行動指針が定められているが、この中で、不祥事発生時の対応として、「社外取締役は，日本弁護士連合会の『企業等不祥事における第三者委員会ガイドライン』を参考に，第三者委員会設置の必要性を検討し，必要な場合には，第三者委員会の設置及び委員の選任手続に積極的に関与する」と記載されている（同ガイドライン第3・「6　不祥事発生事の対応策」）。

　そして、これは弁護士資格を有する者に対するガイドラインであるが、すべての社外役員に期待されている役割であるといえるので、社外役員は、自らが不祥事の情報を知った段階で、すでに相当の時間が経過してしまっており、もう少し様子を見ようなどという悠長な余裕は一切ないと心して、ただちに決断し、発言する必要がある。

　同ガイドラインでも、適切な時期に報告を受け、情報の提供を求めたり、監査役などと連携を積極的に行うことが要求され、それによって孤立するような事態に至った場合には、辞任することも辞さない毅然とした態度をとることを要求している。

　なお、社外役員1人が辞任したところで大した影響はないと思うかもしれないが、不祥事が発生しているときに、突如、社外役員が辞任するという事態は、上場企業にとっては致命傷になるといってよい。

解説編

　すなわち、そもそも、そういう耳の痛い話をさせるために社外役員を入れたのに、いざ耳の痛い話をされるや、言うことを聞かなかったために辞任されたとなれば他の社外役員にも伝播し、辞任が相次ぐことは容易に想像がつくし、そのような事件を起こした企業に、社外役員として新たに入ってくれるような奇特な人はいないであろう。

　したがって、方針が合わないから辞任するという社外役員を1人でも出してしまうことは、2度と社外役員を引き受けてくれる人を見つけられないというリスクを負うことに等しく、当然、自主規制法人からの厳しい制裁も覚悟しなければならない。

　それだけ、社外役員の存在は重く、辞表との引き換えにされた場合には、役員総辞職くらいのインパクトがあることを知っておくべきである。

5　第三者委員会設置後の会社側の体制

　第三者委員会が設置されると、次のような流れが発生する。

1　キックオフ会議および開示

　第三者委員それぞれへの委任が終わると、ただちに調査方針を定め、おおよその調査期間を定めるための第1回委員会が開催され、これをキックオフ会議と呼称することが多い。

　このキックオフ会議で、委員会として目指すべき大まかな方向性が決せられ、またおおよその調査期間を決めて、そのペース配分が決まる。

　そして、自主規制法人のプリンシプルにあるとおり、第三者委員会の設置やその調査期間などが見えた段階で、速やかに開示することが求められる。

　なお、キックオフ会議には、会社関係者も出席することが多い。

　これは、上記のとおり、今後のスケジュールや調査手法を決めるにあたり、まだ会社の実情に慣れていない第三者委員会からの質問に回答し

たり、会社側の対応体制構築を行うなどの便宜があるからである。

そして、キックオフ以降の委員会会議には、会社側の人間は基本的に出席しないことが多い。

2　会社側対応体制の確立

第三者委員会を設置すれば後はお任せという認識があるが、とんでもない誤解であり、日常業務の何倍もの作業が会社に降りかかってくる。

すなわち、独立性ある各委員からは、そもそもその会社の基本的な業務内容、業績、ビジネススタイル、収益構造など、調査の前提としての基礎知識を学ぶことから始まるため、最初はとにかく多くの資料提供要請がある。

どのような資料要求を行うかは各委員の判断であるが、第三者委員会業務に慣れている委員であれば、早い段階で書類やデータの提出依頼のリストが送られてくるので、会社側も要求されたものをなるべく早く用意するという作業に集中することになる。

しかし、残念ながら、第三者委員会業務に不慣れな委員は、資料要求が五月雨式になったり、重複したりなど混乱を極め、どのような資料を提出したかなどの管理を会社側で行わなければならない事態も発生する。

このように、第三者委員会の熟練度によって、会社側の負担の大きさは大きく変わることになる。

しかも、それは実際に走ってみなければわからないことでもある。

よって、いかなる事態になっても対応できるだけの布陣を敷くべきであり、理想的には専属の事務局を置くべきであろう。

また、専属が無理ならば、総務部長、常務といったとりまとめにふさわしい地位の者が日ごろの業務を抑制しながらフルに対応することになる。

余談であるが、このような非常事態であるからこそ、委員会対応に忙しい担当者に対し、社長、専務、オーナーといったメンバーが、様子を

探るために報告をこまめに要求したりして、第三者委員会対応業務に支障を生じさせている実例も発生している。

どのような調査をしているのか気になるのが人情ではあるが、設置をした以上はまな板の上の鯉になると割り切って、下手な詮索などしないほうがよい。

第三者委員会は、メールデータや通話状況なども調査対象に入れているため、余計な報告を要求していることなど、すぐに第三者委員会に筒抜けになる。

3　作業部屋の確保

短期集中型の調査であるため、会社内での作業を中心とせざるを得ない。よって、監査法人対応と同様に、固有の部屋を用意することが必要となるが、

- 部屋に鍵がかかる、あるいは書類を保管するための鍵付きの金庫がある
- 人の出入りの多い場所の会議室を避ける
- 専用の内線電話を引く
- Wi-Fi設備があるなら、そのパスワードを紙に書いて掲示しておく
- ホワイトボードを複数入れておく

などの配慮があると、作業がスムーズにいく。

4　ヒアリング対応

資料の精査が終わると、次に待っているのがヒアリングである。

ヒアリングも段階があり、まずは基礎知識を得るための総花的なヒアリングを行っていき、同時並行で資料の解析をしつつ徐々に核心に迫り、最後は重要人物に対する集中的なヒアリングによってその裏付けがなされることになる。

したがって、ヒアリングが佳境になると、複数人を同時に、別室でヒアリングを並行させることも珍しくない。

どのような方法でヒアリングを行うかは委員会側の指示に従うことになるが、別項で述べたヒアリングの留意点は委員会実施の場合であっても妥当する。そうすると、同時に複数の部屋を用意し、またヒアリングの呼び出し、そのためのスケジュール調整などの作業が発生する。

通常、ヒアリング対象は複数部署にわたるので、各部署の長を通じるのが筋ではあるが、そんな手間をかけていられないのも現実である。したがって、第三者委員会設置後は、対応担当者からダイレクトにヒアリング対応依頼を対象者に行ってよいということをルール化し、上位者には同じ情報を共有し、どうしても調整がつかないという場合のみ、上位者に意見を求めるという運用で統一すべきであろう。

5　報酬、実費請求の管理

業務委託契約の内容に沿って、請求書と支払管理を行う。

なお、ベンダーの傾向として、もともと数千万円単位の報酬になることから、作業時間の報告だけは毎月行うが、報酬請求は最後にまとめて行うという方法をとっているところが多い。

これによると、ある日、突然、多額の請求がくることになり、企業の資金繰りに影響することがあるので、毎月、どの程度の報酬が発生しているのかという概略を把握しておき、急な出費に備えるというのも、担当者としては重要である。

6　第三者委員会報告書提出までの流れ

怒涛の資料要求、ヒアリングが落ち着くと、急な静寂が訪れる。第三者委員会が、報告書のとりまとめに入った時期である。

調査期間が長期に及ぶ場合には、中間報告をしてもらい、これを開示するという事例もあるが、いくらなんでも事実関係の調査に関しては、中間報告をするというのは困難であるので、事実関係の調査が終わった段階で中間報告を行い、評価と原因分析、再発防止策提言は最終報告で

解説編

行う、というように、委員会の作業内容に応じて決することになろう。

では、報告書作成段階で、会社としてどのような関わり方があるか。

もちろん、作成責任者は委員会であるから、会社から事前に見せろとか、修正させろという意見を述べる余地は一切ない。

ただ、実際には、報告書提出の直前期に、事前レクチャーの機会を設けることが多いのも事実である。

これは、報告書の中身について、会社側に便宜を図るという趣旨ではなく、第三者委員会が出した独自の結論や調査結果について、期間や手法に制限があることを踏まえて、万が一にも基本的な事実認識の誤りがあっては、報告書全体の信用性に影響するため、その確認をするという、第三者委員会側のためのステップであると認識すべきである。

よって、エビデンスを伴った意見であれば報告書に反映されるが、「そのような見方は納得できない」「そのような評価を加えられると会社として困る」というような意見を述べても反映されないし、それを反映するような委員会はいわゆる御用委員会として厳しい批判にさらされるので、独立性が確保されているかぎり、応じる委員会はないであろう。

とはいえ、会社として初めて報告書の中身を見るわけであるから、今後、公表された場合の影響や、会社のコメントの準備、関係者への説明の手配など、公表後のインパクトに備えることができるという意味で、会社側にも十分なメリットがあるステップである。

したがって、もし第三者委員会側が不慣れで、この事前確認のステップを採用しようとしない場合は、事務局から、それとなく上記の趣旨を説明し、あくまで第三者委員会の調査報告書の信用性のためにというところを理解してもらい、ぜひとも事前確認のステップを履践することをお勧めする。

7　公表までの流れ

1　公表版の作成

　会社が調査報告書を受け取ると、ただちに公表の手続に入るのが通常である。

　ここで、公表するにあたり、調査報告書の性質上、固有名詞を出さざるを得ないものと、特に固有名詞は必要がないものと両方の情報が含まれているのが通常であり、プライバシーや営業秘密などの特別の事情を考慮する必要がある場合は、提出版と公表版を分ける必要がある。

　その場合、提出版は正本1つだけとし、公表版は固有名詞等をマスキングあるいはA氏、B社という置き換えをしたものを作成する。

　もちろん、公表版を使用する場合には、公表時に、なぜ公表版を作成する必要があるかという事情について、コメントを加える必要がある。

2　サマリーの作成

　さらに、公表版とは別に、サマリー（要約版）を作成する場合もある。これは、公表版は固有名詞をマスキングしただけでその他の記載は正本と同じ内容であるところ、大がかりな調査報告書であれば数百ページに及ぶことが珍しくなく、読むだけで骨が折れるものが多い。

　後述するように、ただちに公表、記者会見の手続に入る場合、ホームページでの公表から会見までに、わずか数時間しかないのが実際であり、その間に記者らが全部を読み込んで分析するのは不可能である。

　そこで、円滑な記者会見の運営は、会社・記者相互にメリットがあるため、サマリーを作成・配布して、当日の記者会見に臨むというやり方が多くとられている。

　さらに、あまりに大部に及ぶ報告書を公表する場合には、サマリー版も公表し、ステークホルダーの負担を軽減するという配慮が必要な場合

解説編

もある。

なお、報告書の内容が不正確に要約されることは避けなければならないので、公表版のみならず、サマリー版、記者配布版の作成も、第三者委員会が行う必要がある。

以上のことから、当初の委託の段階で、サマリー版の作成まで依頼しておくことが、直前にあわてないですむ工夫であろう。

3　第三者委員会の記者会見

第三者委員会自身が、委員会としての会見を行うかについては、まだ議論の余地が多いといわざるを得ない。

本来的には、調査委員会の仕事の結果は、調査報告書にすべてをつぎ込むことであるから、委員会の見解は、すべて報告書に現れている。

したがって、「黙して語らず」というのが、本来的な委員会のあり方であるというのが筆者の個人的見解である。

企業としても、報告書に書いてもいないことをベラベラと会見で話された場合には、その後どのような対応をするかの検討に支障を生じるであろう。

したがって、第三者委員会自身の会見は、次に掲示するような相当程度の必要性がある場合に限定すべきであるというのが筆者の意見である。

(1)　調査内容が複雑で解説が必要（レクチャー型）

企業不祥事には、ある程度の社会常識があれば理解可能なものと、高度な専門知識がなければ読み解けないものがあり、その難易度は報告書の難易度として現れる。

たとえ、サマリー版を作成して理解の便宜を図ったとしても、特に会見当日に配布された資料を読むだけでは記者が理解できそうにない場合は、言葉での解説を加えたほうが正しい情報が伝わることが多い。

そのような必要性が高い調査の場合は、報告書の読み方や言葉の意味の解説という限度で、会見を開く（これを、「レクチャー型会見」と呼び

たい）ことは妥当であろう。

このようレクチャー型の会見は、あくまで正しく報告書を読むための会見であるから、会見する側の委員は、自らが会見で果たすべき役割を忘れることのないよう、回答内容には十分な配慮が求められる。

間違っても、「報告書には書けなかったのですが、実はですね……」というようなことを言い出すと、会社にとっては寝耳に水、不意打ちになってしまうのはもちろん、自らの作成した報告書の品位を貶めることにもなるので、厳に慎むべきであると考える。

(2) 会社からの説明では客観性をもたせにくい場合の代弁者（代理人型）

もう1つは、報告を受けた会社から、その内容を開示するという方法よりも、あえて、第三者委員会の口から内容を開示してもらうほうが世間受けがよい、あるいは、表現が難しいが、「指摘されたから説明せざるを得ないという空気」をつくり出すために、第三者委員会の口を「利用」する場合である。

いわば、「代理人型会見」と表現するべき会見のパターンである。

不祥事の中には、会社さえ知らなかったことが発見される場合もあるが、会社としてすでに知っていた部分であり、ただステークホルダーに対する遠慮から、なかなか公表できなかった問題として残存してしまっている部分もあったりする。

本来、このような部分は第三者委員会の手を借りずとも、自らの手で開示していけばよいのであるが、ひとたび開示のタイミングを逃すと、次の開示のタイミングが訪れることはまれであり、いたずらに時間が過ぎてしまったという場合があり得る。

このような場合は、会社から言い出せなかったという事情を第三者委員会の口を借りて開示するという方法で外に出すことで、従来配慮せざるを得なかった事情を突破して説明責任を果たすことができる。

この場合は、第三者委員会が積極的な会見に応じて事案を説明することにより、本当は出したかった事情をうまく第三者の力を使って出せる

解説編

という効果があるため、会見をする意義があると考える。

　この代理人型の場合は、レクチャー型よりも第三者委員会が語れる範囲が広いと考えるが、前提として、どのような印象、どのような情報を報道してもらうために会見をするのかについては、十分、会社側との調整が必要である。

　このような調整を行うことは、すでに調査報告書が出ている以上、調査の中立性には影響しないので、第三者委員会側としても好ましい行動といえよう。

4　会社の記者会見

　第三者委員会の記者会見をするとしないとを問わず、会社の記者会見は必要となる場合が多い。

　この場合、調査結果については、先に述べたサマリー版を事前に用意して配布し、記者側への配慮をしておくのがスムーズである。

　筆者の経験では、午前10時ころに第三者委員会の報告書交付を行ったとすれば、午前11時に開示、同時にサマリー版の投げ込みを行い、午後3時ころから記者会見を行う、というくらいの余裕が望ましいと考える。

　先に述べたとおり、事前レクチャーが行われていることを前提にすると、会社としては、調査報告書の内容を大方把握をしているはずであるし、会社の説明責任を果たす場であるから、「今朝、報告書を受け取ったばかりなので、詳細はわからない」というような逃げ道は多用すべきでない。

　少なくとも、不祥事の事実関係に関する部分については、質疑に対してきちんと回答することが必要である。

　そして、再発防止策や、今後の対応という部分については、取締役会開催の必要もあるので、「今朝、報告書を受け取ったばかりなので、経営としての判断は速やかに行っていきたい」という程度の説明で乗り切ることは、許されると考えてよい。

8　第三者委員会が収集した証拠の取り扱い

　第三者委員会が調査によって収集した証拠は、第三者委員会に帰属するものである。

　通常の委任契約であれば、受託者は委託者に対し、報告義務とともに収集した一切の資料を提出する義務がある（民法646条）。

　しかしながら、第三者委員会の収集した証拠は、その収集目的が調査のために使用することに限定しているのが通常であり、特に、関係者からのヒアリング内容については、調査以外に用いないということを条件にヒアリングしていることが多いため、会社側には提供すべきでないことが多い。

　よって、通常の第三者委員会との業務委託契約においては、民法上の資料引渡し義務については免除していることが多い。

　また、このような特約をしていなかったとしても、その性質上引き渡しが適切でない場合は、契約の解釈として引き渡しが除外されていると思うべきである。

　もちろん、会社から提出したものは会社内にある資料であるから、現実にはヒアリング報告書が問題となると思われるが、ヒアリング内容は、報告書に引用された限度でのみうかがい知ることができ、ヒアリング内容自体の提供を受けることはできないものと理解すべきである。

9　自主規制法人対応

　上場企業が第三者委員会を設置した場合、自主規制法人が必ず介入をしてくる。

　まず、第三者委員会を設置した際に、どのような趣旨でどのようなことを委託したのかの報告を求められる。そして、重大事案においては、途中経過について質問がなされる場合がある。

解　説　編

　さらに、報告書が提出される時期になり、おおむねのドラフトができた時点で、第三者委員会に対し、ドラフトの提出を求めてくることが多い。

　第三者委員会としても、通常は提出に応じているのが実情である。

　そのうえで、自主規制法人として、追加の依頼や記載の趣旨の明確化を指示してくる可能性があり、もし、そのような事態になった場合、最終的には第三者委員会の対応であるが、報告書提出時期を延期する可能性も出てくる。

　通常、報告書提出時期が見えてきたら、その時期についてもアナウンスすることが多いので、急に報告書提出が延期になったというだけで変な憶測を生んでしまい、企業にとってはデメリットしかない。

　したがって、途中経過においても、大体の方向性については自主規制法人との情報交換をする、あるいは委員会側にコミュニケーションを依頼しておくというのも、現実的な対応策であると考える。

　そして、プリンシプルの解説の項で述べたとおり、報告書が提出されて公表して終わり、という時代は終焉し、再発防止策の履行状況、その防止策の実効性の検証など、継続的な取り組みと、その都度の開示を要求される。

　経営者としては、報告書の提出にこぎつけただけでもかなりのストレスであったと思うが、本当のストレスは、報告書提出後の取り組みの段階のほうが大きいと思うべきである。会社としては、気を緩めることなく、自主規制法人対応を継続する体制を維持することが望ましい。

事例編

事 例 編

不正会計

【事　例】
　A株式会社（東京証券取引所1部上場）において、決算作業中、匿名の内部通報があり、「A事業部では、売り上げを水増しするために、後で買い戻す裏約定付きの取引をしている。また、在庫として計上されているものの中には、実際には存在しないものが含まれている」との情報がもたらされた。
　もし、その情報が本当であれば、決算が期限までに締められないのはもちろん、過去の決算についても、さかのぼって修正しなければならない可能性がある。
　なお、従業員が不正な発注をするなどして、キックバックを得ていたような着服横領型の事案であっても、その手段として架空の売り上げを計上していたような場合は、本書で記載する不正会計特有の対応をしなければならない。

初動対応

1　想定すべきステークホルダー

(1)　当局（監督官庁、規制当局）

　不正会計が発覚した場合におけるステークホルダーとしてすぐに思い浮かぶのが、自主規制法人や金融庁といった監督官庁、規制機関であろう。

すなわち、上場企業については、事業年度終了後3か月以内に有価証券報告書を提出する義務があり（金融商品取引法24条）、また、決算短信については遅くとも決算期末後45日以内に開示することが要請されており（東証決算短信作成要領）、この期限を徒過すると、最悪の場合、上場廃止措置を受けることとなる。

したがって、不正会計の疑いが生じてから「規模を問わず不正会計が存在する」との判断に至る過程が最も重要であり、不正会計が存在することがわかった時点で、自主規制法人に一報を入れ、調査方針等について早急に相談すべきである。

もし、この相談が遅れ、有価証券報告書の提出期限間近になってから自主規制法人や金融庁に相談しても、その報告が遅いことだけをもって柔軟な対応をしてもらえない可能性がある。

(2) 被害者

不正会計が発覚しても、それが社内の経理処理の範囲にとどまっている場合は個別具体的な被害者は観念できず、株主や一般投資家が抽象的に被害者として認識されるにとどまるのが原則である。

ただし、不正会計の手口によっては、取引先を巻き込んでいる場合が多い。このような場合、取引先は、一方で不正会計の共犯者であるとともに、一方では取引関係を背景に巻き込まれた被害者的立場でもあることが多く、それぞれの事案によって一概にどちらとも決することは困難である。

(3) マスコミ

マスコミへの第1報は、修正方針が決まった後にするのがほとんどであり、自主規制法人等への報告の前に、自主的にマスコミにリリースをすることは不確定な情報を市場に流すことと同義であり、厳に慎まなければならない。

上記のとおり、不正会計の事象だけをもって個別具体的な存在に被害を与える、あるいは被害が拡大することは観念できないので、他の不祥事事案とは対応を異にするといえよう。

事 例 編

したがって、マスコミ対応のタイミングは適時開示後で十分である。

なお、万が一、適時開示前の段階で取材依頼などが生じた場合でも、まずは事実関係の調査が優先されるべきであり、不正会計が確実となった時点で対応しても遅いとはいえない。

(4) 取引先

取引先についても上記と同様であり、初動の段階で個別に通知する必要はなく、修正方針が固まり、適時開示後に、個別に事案を説明することで足りよう。

(5) 株主、一般市民

株主や一般投資家に対しては、まさに会社が上場廃止になる可能性がある事情であることから、早急な情報提供が必要であるかのように考えがちであるが、いまだ適時開示すべきかどうかの判断がつかない段階では、不正会計の可能性という情報はインサイダー情報であるため、適時開示前の段階で大株主や創業家などに知らせることは、インサイダー取引の引き金となる。

よって、あくまで粛々と自主規制法人等の規制当局とコミュニケーションをとりながら、適切な適時開示に努めるべきである。

2 対外広報のタイミング

上記のとおり、適時開示と同時か、適時開示後である。

調査方針

1 調査チーム編成

多くの場合、経理担当、内部統制担当が最初の社内調査に着手することになる。

そのうえで、不正の端緒が事実である心証を得た場合は、監査役、管

理担当役員に対して速やかに報告し、会社としての対応を決することになる。

(1) 営業担当を入れるか

規模の大きい会社ほど、ジョブローテーションがセクション内化してしまっており、内部統制や経理といった間接・管理部門の従業員は、営業や開発の経験がない場合も散見される。

不正会計は、売り上げがほしい、利益を出したいという動機によって行われるため、多くが営業部門から発生している。

そのため、管理部門の社員では営業の実態がわからず、十分な調査を遂げられない可能性もある。

しかし、だからといって、まさに不正をやった可能性がある営業部門の社員を調査メンバーに加えることは、たとえは悪いが、泥棒が警察の役をするのと同義であり、不適切である。

よって、管理部門だけでチーム編成すべきであり、「あの人はよく知っているから、チームに入れても大丈夫」というような属人的な判断でチーム編成してはならない。

(2) 監査法人

最も悩ましいのは、監査法人との関係である。

一見、不正会計が、会計に与える影響について専門的な知見を得る必要があるため、監査法人との連携が重要であるようにも思える。

しかし、逆の見方をすれば、不正会計が数年にわたって行われていたにもかかわらず、これを見逃してきたのもその監査法人なのである。

不正会計に関与した監査法人や公認会計士に対する監督や制裁は年々強化される傾向にあることから、監査法人からすれば自分の担当する会社から不正会計が発生するというのは、死活問題を意味する。

よって、監査法人から「何かの間違いである」「自分たちの監査に落ち度はない」という反応が示されることが往々にしてある。

このように、監査法人は不正会計の発見においては極めて重要な役割を果たし不正の端緒を発見した際のよき相談相手になるべきであるが、

残念ながら、自分の見落としを認めさせるのは至難の業である。

したがって、不正会計の疑いが内部調査によって濃厚となった場合は、監査法人への通知はもちろん必要であるが、彼らに頼りっぱなしになることはできないと心得るべきである。

2　調査により明らかにすべき事項

(1)　不正の態様・手口

不正会計の手法は、大きく分けて、①売り上げの水増し、②費用の隠匿、③資産の過大評価、に分類される。

①　売り上げの水増し

架空の受注、架空の契約など、存在しない売り上げを立てる行為である。

通常は、架空であるので、対応する入金がない、あるいは遅れているなどの現象で端緒をつかむことができるが、入金データの偽造、あるいは循環取引のように、実際に入金まで行われるというような場合もあるので、対応する入金記録があるからといって不正がないとはいえない。

②　費用の隠匿

主に、粗利を水増しするために行われるもので、下請けへの架空発注、期を跨いだ計上、細分化して次期以降に計上するなど、費用として認識しないような手口がある。

これも、対応する金銭の移動の確認が基本であるが、これだけでは不十分であるというのは前記同様である。

③　資産の過大評価

事例として散見されるのは、棚卸資産である。とりわけ在庫や仕掛品、サンプル品、ユーザー事情による返品などがあった場合、多くの会社では本社内で保管するのではなく、本社から離れた場所で保管することが多い。

さらには、独自に在庫を抱えず、下請けから顧客に直送される業態で、下請けにおける保管を在庫として計上する業態もあろう。

棚卸資産については現物があるにもかかわらず、実際にこれを確認することまでをやっている会社は少数であろう。

(2) 動機、背景

突き詰めていくと、個人の業績向上や評価の下落の防止といった、会社員としての評価を維持・向上したいという動機があるが、当人たちは、「会社をつぶさないため」「後で帳尻を合わせるから、悪いことではない」という意識で、自分に言い訳をしながら敢行するのが通例である。

また、「会社のために、おれが一肌脱ぐしかない」という思いで不正に手を染める者もあり、むしろ、真面目で融通が利かない社員ほど、会社が窮地に陥ったときに、違法な方法を使ってでも目先の困難をしのごうとするものである。

いずれにしても、耳触りのいい、「会社のため、みんなのため」という言葉で自分を鼓舞しつつ、その実、自分の保身で行うことが多いので、ごまかされないように見極めることが肝要である。

(3) 関与者の範囲

金額の大きな不正会計であれば、単独で操作することは難しいのが通常である。

したがって、関与者について解明するためには、その手口で敢行するなら誰の手助けが必要か、という観点で分析することを要する。

また、上記のとおり、不正行為者は「俺が何とかする」という気負いをもっている場合があり、この者に関与者について尋ねても、「すべて私1人でやったことだ」という答えが返ってくるので、ヒアリングにだけ頼るのは危険である。

(4) ガバナンスの状況

内部監査、監査役監査、監査法人による監査を潜り抜けるのが不正会計である。

したがって、これらの業務に関わっていた人間は、自己の落度を明らかにすることでもあるので、極めてつらい立場に置かれる。

しかしながら、だからこそ早急に不正の事実を解明し、会社の素早い

事 例 編

アクションにつなげるためにパフォーマンスする以外に生き残る道がないのも事実であるから、気持ちを切り替えて不正会計の事実をあぶり出す気概が必要である。

(5) **経営陣の関与の有無**

取締役など役員が不正会計を指示あるいは容認していた場合、急に調査がやりにくくなる。

しかし、不正を行った役員の顔色をうかがっているうちに、不正会計の解明が遅れ、結果として決算が締められない状況になるのは本末転倒である。

かかる場合、後述するような、外部の専門家を活用することで、会社員としての自分の身を守りつつ、適正な調査がなされるように立ち回ることも重要である。

3　社外専門家への依頼タイミング

不正会計解明のための専門家といえば、公認会計士と弁護士である。

特に、監査法人以外で、信頼できる公認会計士に相談できるかどうかは、不正会計対応の肝といえる。

なお、弁護士への相談で留意すべきなのは、前記のとおり、意外に会計に疎い弁護士が多いということである。

したがって、自社の顧問弁護士が企業会計に精通していればよし、そうでない場合は遠慮せず、不正会計調査の専門の弁護士を紹介してほしいと依頼すべきである。

そして、依頼のタイミングは早いに越したことはない。

特に、規模は不明でも不正会計が存在することが内部調査でわかった段階で、すぐに相談し、調査計画全般についての指示を仰ぎ、また、調査そのものを依頼すべきである。

いくら専門家とはいえ、その会社の会計に触れるのは初めてであることが多く、土壇場になってから依頼しても本格的にエンジンがかかるまで時間を要するのである。

1 不正会計

再発防止策のポイント

1　リスク管理体制の問題

(1)　原　因

　内部監査、会計監査体制に原因がある場合として、監査計画におけるリスク想定が甘かったということが挙げられよう。

　これまで多くの企業において不正会計が発生しているが、その原因が公表されている。

　たとえば、新規事業分野・当該分野の精通者が少数であった、海外子会社や買収した会社で発生したなど、いわゆる監視監督が弱くなる要素があったことが報告されている。

　このような特徴が自社内にないかを点検し、ある場合は重点監査項目としての取り扱いをしていれば、予防もしくは早期に発見できた可能性がある。

(2)　対　策

　これまでに指摘した手口や背景を前提に、チェックが甘くなる分野・部署を早期に認識し、監査の精度を上げるなどの対応が必要である。

2　リスク情報収集体制の問題

(1)　原　因

　不正会計行為が複数人によって行われていたような事案では、実際に不正を行った者の周りにいる者も、「何か変だな」と思っていることが散見される。

　たとえば、1人だけいつも残業していて夜に何をしているのかわからない、会社の電話があるのにいつも個人の携帯電話を使って連絡をとり合っているといったような事象も、過去の不正会計事例では不正行為者

同士の連絡や資料づくりの状況として登場している。

　このような、不正そのものを知っているわけではないが、ちょっと不自然に感じることがあるという程度の情報も、できれば吸い上げたいところである。

(2) 対　策

　リスク情報の収集について、デスクにいて黙っていても集まってくるわけではない。

　充実したリスク情報を収集するためには、「待ち」ではなく、「攻め」の情報収集が必要である。すなわち、管理部門のほうから営業や開発の現場を定期訪問して、「通報するほどでもないが、気になる」というレベルの情報を収集することが肝要である。

3　人員配置上の問題

(1) 原　因

　上記のとおり、不正会計が数年にわたって見逃されてしまう原因の1つに、担当者が固定してしまっていて、その処理が適正かどうかの判断ができないことが挙げられる。

(2) 対　策

　当然、ジョブローテーションの活性化も必要であるが、潤沢な人材がいつもいるわけではなく、10年単位くらいでは同じ人が担当し続けているという会社は多い。

　また、無理にジョブローテーションすると業績を落とす原因にもなるため、なかなか踏み切れないものである。

　したがって、会社の管理としては、人員が固定してしまいがちな部署とそうでない部署をきちんと管理し、前者については重要な作業は1人だけで処理できないよう、パートナーか監督者を付けることが必要であろう。

4　意識啓蒙の問題

(1)　原　因

　不正会計に手を染めた者の発言でよく聞かれるのが、「この程度のこと、みんなやってますって」「そんなに悪いことじゃないでしょ。ちゃんと最後には帳尻が合うようにするんだから」といったような、開き直りというか、必要悪であるとの弁解である。

　前記のとおり、会社に対して責任感がある者ほど、不正な手段を使ってでも会社の数字をよくしたいとの思いにかられるものであるが、そもそも「まったく会社のためにならないのだよ」ということが教育できていないのである。

　特に、企業会計に詳しくない社員からすれば、「トータルで払うお金は同じなんだから、計上時期を操作してもそれほど悪いことではない」というような思い込みをもっていると考えるべきである。

(2)　対　策

　まず、不正会計が会社に与えるインパクトについて、しっかり教育することになるが、ただ、詳細な不正会計の手口を教育するのは行きすぎである。

　意識啓蒙のために最も重要なことは経営者の明確な意思表示であり、「うちの会社は、どんなに困った局面であっても、ルール違反の方法で得るような売り上げは、1円たりとも不要である」と明言することである。

　結局、不正会計に手を染める社員にしてみれば、「社長もきれいごとじゃないことはわかっているはずだ」「社長の本音は、うまく見つからないようにやれということに違いない」との思いをもっているからこそ、心理的ハードルが低いままに会計不正を行うのである。

　経営者が明確でぶれない、そして「不正な売り上げ・利益は不要」というメッセージを示せている会社は、意外に少ないと思う。

事例編

5　システム上の問題

(1) 原　因
そもそも、決裁のシステムや発注システムなどについて、個人が不正に架空の処理をしようと思えばできてしまうシステムを採用していることが、原因となっていることがある。

(2) 対　策
最近の経理承認システムや監査ツールは、不正会計の予防・早期発見に役立つものが開発されている。

システム投資はすぐに数字として成果が見えないので、経営者の納得が得られにくい費目ではあるが、不正会計発生時の多大なコストを思えば、少なくとも不正会計が発生した会社の再発防止策としては、システムの見直しは必須であろう。

過去の不祥事事例

1　西武鉄道・株式保有割合虚偽記載事件

（2005年3月25日第三者委員会答申）

いわゆる創業家の株支配の実態を隠すために、実際には8割以上の株式が創業家の実質所有であったにもかかわらず、4割程度であるとの内容で有価証券報告書を提出していた事案である。

「うそはついていないが、本当のことも言っていない」という状況について、何をどのように開示するべきかは、投資家の目線で判断すべきであり、たとえ形式的な事実を記載したこと自体に虚偽はなかったとしても、投資家の関心事を欺くことに目的がある場合は、実質的に虚偽の表示をしたものとして取り扱われるということを学ぶべき事案である。

2　東芝・粉飾決算事件

（2015年７月21日第三者委員会報告）

　いわゆる工事進行基準を悪用して、決算内容を恣意的に報告、開示した事案である。

　かねてより、工事進行基準については、どの基準で進行度を判断するかについて企業側に一定の裁量があるため、粉飾決算の温床になりかねないという指摘はあったが、実際には進行が３割なのか、６割なのかといった段階評価を、法執行機関が客観的に決めるのは困難であるとして、立証は困難ではないかともいわれ続けてきていた。

　しかしながら、同社の場合、一度、担当事業部から数字が上がってきているのに、経営陣から圧力をかけて、その数字を変えさせるという経過をたどっていたことが発覚しており、そこに粉飾の意図を読みとることができる事案であった。

事例編

2 表示偽装

【事 例】
① 経営するレストランにおいて、地産地消を謳った地元産食材を全面に出したメニューを提供していた。
　ところが、出入りする業者からと思われる内部告発があり、実は地元産ではないものを偽って提供しているとのことであったので、料理長に対しヒアリングしたところ、事実を認めたうえで「入荷量に波があるので、時々、地元産よりも高価な食材を使用していた。結果的に、お客さんは安い値段でいいものが食べられるので、問題はないと思った」と供述した。
② 機械製造メーカーにおいて、規格表示を行っている製品について、部品の一部に規格を満たさないものが使われているとの内部告発があり、取引業者を問い詰めると、「実は、試験を偽って規格を取得していた」との告白を受けた。

初動対応

1 想定すべきステークホルダー

(1) 被害者

　事例①は、表示は偽っているが、消費者に損害はない（むしろ、得をさせている）という事例であり、最も判断を誤りがちな事例といえる。
　すなわち、明らかに表示よりも劣後する品質のものを提供していた場

合は表示と実物に差額が生じているわけであり、消費者にとっては詐欺に遭ったという認識が生じるし、加害者側の認識も同じであり、動機もコストカットなどの経済的な事情に見てとれることが多い。

　しかし、この逆となると、経済的損失はないという「安心材料」がゆえに、被害者はいないものとして行動してしまう落とし穴がある。特に、従来型の法律論のみの観点から助言する弁護士は、損害はない事案であるとしてアドバイスをする傾向にある。

　しかしながら、事例①のように、地産地消を謳ったような商品の場合、その地元産の商品であるということが金銭の対価である場合が多く、同等のものもしくはより質が上のものを提供したということでは金銭の対価性を補完できないというべきである。

　したがって、表示を偽った場合、表示と実際の価値の差は考慮要素の1つにすぎず、あくまで「客は、何を期待してお金を出したのか」を基準に判断することが必要である。

　また、事例②については、被害者は自分たちだとの思いを強くしがちという点で、別の落とし穴がある。

　確かに、不正を行った取引業者との関係においては、被害者であるが、自社製品を購入したユーザーとの関係では、「加害者側」である。

　これは、別項「10　情報漏えい（個人情報、マイナンバー）」でも触れているが、「損益帰属の一致」という考え方である。

　日ごろ、その手法や取引先を使って利益を上げているのであれば、その手法や取引先から損が発生した場合もこれを負担すべきであるという考え方で、法律上は使用者責任（民法715条）の背景にある考えとして採用されているものである。

　これを事例②について見ると、その取引先を選定したのは自分たちであるし、これを利用して製品の開発・製造を行って利益を上げているわけであり、対外的には、被害者側ではなく、加害者側であると整理することになる。

　もちろん、これによって被った損害は取引先に求償することができる

事 例 編

が、それと対外責任は別の問題である。

(2) **当局（監督官庁、規制当局）**

表示を偽った場合の監督官庁は、消費者庁である（以前は、公正取引委員会の所管であったが、移管された）。

消費者庁は、優良誤認などの景品表示法（不当景品類及び不当表示防止法）違反の事実の有無について調査する権限を有し、調査結果に基づいて改善の指導や措置命令を発することができる。

措置命令は誤認行為の排除や違法行為を行わないことを命じるもので、何か直接的な作用を伴うものではないが、措置命令を受けた事例は公表され、長く同庁ホームページ上に掲示され続けるという、極めて大きなレピュテーション上の制裁を受けることになる。

したがって、問題が生じた場合、いかに措置命令にまで至ることなく、自主的な改善を果たすことができるかが重要となる。

また、虚偽の表示をした商品に衛生上の問題が存在する（たとえば、消費期限を大幅に経過しているのに張り替えをしていたような事例など）場合は、保健所も監督官庁となる。

(3) **マスコミ**

マスコミも、消費者庁の措置命令同様、レピュテーション上の問題として重要なステークホルダーである。

いわゆる食品偽装が頻発した2013年は、後掲するホテルレストランの偽装を皮切りに、有名なレストラン、ホテルが軒並み、公表と謝罪に追い込まれた。また、2015年は杭打ちのデータの偽装、2016年は自動車の燃費偽装などの報道がなされている。

マスコミが積極的に取り上げる題材を予測するのは困難であるが、より多くの国民の生活に関わる偽装と判断された場合は、世間が安心感を抱くまで執拗に報道されることが多く、ある程度長期間、報道にさらされることを覚悟しなければならない。

よって、偽装が発覚した場合、その影響を受ける範囲を正しく見極め、もし多くの国民に関わる場合は、いかに正しい情報を正しく報道し

てもらえるかにかかっており、ここで「隠ぺいだ、説明不足だ」といった悪印象をもたれると、企業の受けるダメージは大きいものとなる。

特に、事例②のように、本当は被害者なのに、対外的には加害者としての扱いを甘受しなければならない場合のマスコミ対応は、かなりの訓練を要するため、必ず専門家によるシナリオ作成、コメントチェックなどのフルサポートを受けるべきである。

詳細は、個人情報漏えいの項に記載するが、ここを甘く見たために必要以上のバッシングを受けた企業が後を絶たない。

(4) 取引先

まず、偽装のあった商品を自社だけで完結させているのか、出荷しているのかでその後の対応が変わる。

出荷している場合は、その流通先すべてに対する対応責任があると理解すべきであり、たとえば、量販店で販売されている商品であれば、小売店レベルまでの対応が必要になる。

別項の異物混入などのような健康被害の可能性のある場合であれば、ただちに店頭から撤去するという行動をとることになるが、そうでない場合でも、流通先の自主判断で店頭から商品を引き上げ、買い取りを要求される場合が増えている。

小売店としては、それを売ることで直接的なクレームの対象となってしまうことを避けるため、商品の安全性いかんにかかわらず、いわくがついた商品については店頭から引き上げる傾向が強くなっているのも、やむを得ない状況といえる。

もし、流通先への情報提供が遅れた場合、遅れた間に販売した商品の返金などにかかるコストもすべて、偽装元に請求することが見込まれるため、健康被害の有無に関わらず、流通先に対しては早く一報を入れるべきである。

(5) 株主、一般市民

食品をはじめとする日常生活に関わるものについて表示の偽装があった場合、当該製品に関わっていない人も、まるで自らが被害に遭ったの

事例編

と同じ感想をもつことが多いため、説明責任は、直接、製品・商品に対してお金を払った人のみならず、広く実施することが求められる（これを、将来の顧客に対する説明責任として位置付けることも可能である）。

また、そのような性質の商品を扱っている会社の株式を持っている個人株主の多くは、実際のユーザー層と一致する場合が多い。したがって、株主に対する説明も、実際に商品を買った人、その他の国民とほぼ同列で、同じレベル感のものが要求されると考えるべきである。

不祥事が株主総会直前に発覚した場合は、たとえ、総会の対象である期後の事情であったとしても、質問は集中すると見るべきであるし、回答すべきである。

2　対外広報のタイミング

いわゆる健康被害が想定される事案（可能性や心理的影響がある場合も含む）ではないことを前提とすれば、ただちに緊急公表して対応するという視点は不要である。しかしながら、事例①のような地産地消を偽ったような事例や特定の知名度のある素材を偽った場合、その属性に金銭対価性がある（法律用語では「債務の本旨」という）といえるため、基本的には返金対応となる。

したがって、公表のタイミングとは別に、商品の回収や是正措置について早期に行わなければ、遅れた分だけ会社の将来の損害が拡大することを意味するので、留意が必要である。

調査方針

1　調査チーム編成

まずは、社内調査チームによって実態の把握を行うべきである。
しかしながら、何をもって「虚偽」と判断するかについては、外部専

門家の意見を求めて、これに従って判断・行動すべきである。

　すなわち、上記のとおり、経済的価値において損はないという事例などの場合、社内の意見だけ集約すると誤った評価を招くおそれがあるため、リスク評価・リスクマネジメントに精通した外部者の意見を求めるべきである。

　繰り返すが、リスクマネジメントを専門としていない弁護士は、必ず法的な観点からのみアドバイスをするので、顧問弁護士の意見を聞いたからといって正しい判断という保証はまったくないことに留意が必要である。

　弁護士の発想は、「裁判になった場合にどうか」という観点からのアドバイスが基本であるが、企業の危機管理にとっては、むしろ有害な意見となる危険性をはらんでいることに留意が必要である。

2　調査により明らかにすべき事項

(1)　不正態様、手口

　「表示」と「実際」の違いを確認するのであるから、「表示どおりのものを使っていないこと」か「別のものを使ったこと」の解明をすることになる。

　在庫を抱えているような場合は、調査時点での在庫に対する検査や調査を行うことで比較的事実確認は容易である。

　しかし、食品のように、在庫に時期的限界があったり、すでに費消・廃棄されてしまっているような場合は現物確認ができないため、事実確認は容易ではない。

　仕入記録、在庫記録などの社内資料のほか、仕入業者の協力を得なければ解明できないことも多い。

(2)　動機、背景

　表示より低質・低価格のものを使用していた場合は、経済的なコストカットが主たる動機であり、そのような動機で敢行せざるを得なくなった組織的背景の解明は、不正会計などの背景解明と類似する。

他方で、同等もしくは高品質のものを提供していたという場合は、「本日、未入荷ですと言えない」「納期に間に合わない」といった組織の目的達成に対するプレッシャーが背景にある。

すなわち、うそをつくことよりも、商品販売を継続すること、納期を守ることのほうが優位であるとの思想で日ごろ運用されている組織においては、組織における最優先倫理が個人の倫理観と入れ替わるのである。

誰が見ても、うそをつくこと、偽装をすることはだめだとわかっているし、当該行為者も、個人として考えた場合は絶対にやらないが、「組織のため」が個人的倫理観を超越する現象が生じる。

このような場合は、単に当該行為者に対し、「だめだとわかりきっているのに」と批判・評価するだけでは、また同じことをする人間を生むことになる。

(3) 関与者の範囲

当該表示の責任者が限定されているような場合、たとえば、レストランにおける料理長のような存在がいる場合は、絶対的権限をもっている半面、不正行為者の範囲も限定的である。

しかしながら、多くの企業の場合、特定の人間だけで表示と実物の齟齬をチェックすることはなく、複数人によるチェックがあるのが通例であるから、協力者の範囲は、仕入れ・調達から販売・提供までの過程を広く見る必要がある。

また、前記「(2) 動機、背景」で触れたように、組織的な偽装プレッシャーがある場合、発覚した当事者だけではなく、類似した環境、類似した性質の製品に関わっている人間すべてについてチェックしないと、いわゆる「取り残し」が発生してしまう。

(4) ガバナンスの状況

「偽装や虚偽表示なんて、教育するまでのことではない」という意見もある。

しかし、前記「(2) 動機、背景」でも触れたとおり、個人的な倫理観

ではいけないと思っていることも、組織的な倫理の前では劣後してしまう現象が起きるのが組織の怖さである。

したがって、「偽装はだめだよ」というような「べからず」だけを強調してもまったくガバナンスとしての意味はない。

必要なのは、組織の倫理における最優先価値においても、偽装や虚偽表示を禁じるということをどこまで実践できていたかである。

無理な品質、無理な調達、無理な納期を強要する一方で、虚偽をするなといってみたところで、どちらが経営者の本音であるか、従業員には見抜かれている。

(5) 経営陣の関与の有無

偽装や虚偽表示において、経営陣までが関与していたというのは、事例としては少ないというのが筆者の印象であり、やはり、現場において苦肉の策として行われるのがほとんどであろう。

しかし、社内の監査や内部報告の過程で偽装等が疑われる状況になった場合は、むしろ経営陣が主導的に隠ぺいを図る傾向が強い。

すなわち、これまでまともにやっていると信じていた商品・製品が、実は表示どおりのスペックを備えていなかったという事実は、経営陣にとってはそう簡単に客観視できることではない。

したがって、何とか大ごとにしない方法はないものかと、あれやこれやと理由を探し始め、公表しないで済むもっともらしい理由（業界では普通のことである、客は損をしていないなど）を見つけたら、こっそり商品は回収するが、過去の事実は伏せるという行動に出てしまう。

もちろん、本当にこれですべてが抑え込めるならば、まだ経営陣の気持ちも理解できるが、解説編で述べたとおり、不祥事のほとんどが内部告発により発覚しているという事実、内部告発者の動機のほとんどが「会社によくなってほしい」というものであることを考え合わせれば、会社経営というよりもギャンブルに近い行為といわざるを得ない。

事例編

3 社外専門家への依頼タイミング

すでに触れたが、まずは事実関係の把握は社内で試みるべきである。

そのうえで、偽装の全体像が把握できた段階で、当該偽装の取り扱いについて自社による判断のみでは危険であるので、外部の専門家にオピニオンを求めるべきである。

特に、顧問弁護士の意見については、他の専門弁護士のセカンドオピニオンをとるほうがよい。

なお、事実関係の解明において、自社内の調査だけでは解明しきれない状況がある場合に、いつまでも調査を行っていると証拠がどんどん失われていく可能性があるので、調査の専門家に早めに依頼をする場合が妥当な事案もある。

再発防止策のポイント

1 リスク管理体制の問題

⑴ 原　因

多くの場合、知識不足・理解不足といった、初歩的・基本的なことが原因である。すなわち、「何のためにそのような表示になっているのか」の部分が教育ができていない、徹底していないため、表示を軽視したり、少々のごまかしくらいかまわないという誤った認識を生んでいる。

これは、「同等の素材さえ使っていれば、客に損はないはずだ」という認識で敢行される偽装について顕著に見られる。

損をさせたかどうかということと、表示を違えたということは、別の価値に関わる問題であるとの教育ができていない、認識がされていないことに原因がある。

また、ごく一部に、コストカットの目的で、あえて偽装する例がある

が、これについては、ばれないと思い込んでいることが大きな要因であるので、内部要素・外部要素で不正は発覚するものであるとの認識が不足していることが原因である。

(2) 対　策

まず、自社で取り扱っている商品・製品について、どのような表示をしているか、表示が実態に沿っているかのチェックは、当該事業部・当該部門の担当者レベルのみでチェックしている場合が多く、役員や内部監査が関与するのは、事実上困難な場合が多いと思われる。

よって、事業部内・部門内での自主チェックを中心とせざるを得ないが、そのチェック体制の運用が適切になされているかについて、監査計画に組み込んでいくのが妥当であろう。

また、社内教育の効果が目に見えやすい分野と考えられるため、製法などの作業教育と併せて表示を違えることのリスクを教育する機会を継続的にもつべきである。

社内教育にあたり、毎年同じことの繰り返しで刺激がなくなっている状況は気の緩みの元になるので、時々、表示やコンプライアンスの専門家の研修会を開き、外部からの目で自社がどのように見られるか、表示の重要性などを教育する機会をもつのが効果的である。

2　リスク情報収集体制の問題

(1) 原　因

本リスクの特性として、多くの原因が、知識不足・認識不足であることからすると、「悪いこと」であるとか、「まずいこと」であるとの認識すら不足していることが多いため、リスク情報として上がってこないと思うべきである。

したがって、通常の監査や内部通報システムがあるだけでは感知しづらい類型であることを認識し、十分な啓蒙や教育・知識付与を行うことが大前提である。

そして、もう1つの特性として、通常のレポートラインでは情報が上

がりづらいという点が指摘できる。

　すなわち、表示と実際を違えるわけであるから、偽装は、一従業員というよりも、総料理長あるいは現場監督者といった現場で取り仕切る立場の者が敢行することが多く、これらの者の監督を受ける立場の者が気づいたとしても、レポートが上げづらい状況がある。

(2) 対　策

　前提となる認識や知識に不足があることが原因で自ら気づきにくいし、また、気づいても情報を上げにくいという性質をもつ情報であることから、内部通報システムなどの「待ち」の手段に加え、個別に現場を訪問し、情報交換、意識の共有のためのミーティングを兼ねた「攻め」の姿勢での情報収集が望ましい。

3　人員配置上の問題

(1) 原　因

　表示と実態の齟齬は、会社経営幹部や他部署からは見えづらいことが多く、これに加えて人員が固定化すると、「不正をやってもばれない」という動機・正当化の要素が多分に機能してしまう類型といえる。

(2) 対　策

　頻繁な人事異動になじまない性質を有していることも多く、いたずらに人を入れ替えることだけを行うことは、かえって品質や効率を落とすことになり、本末転倒であろう。

　よって、上記で指摘したグループミーティングなどの実施による関与に加え、素材の選定状況、品質管理については、一部署で完結することのないよう、他部署が関与できる部分をつくり出すことで、「不正がやりにくい」と思わせるような制度設計が望ましい。

4　意識啓蒙の問題

(1) 原　因

　上記指摘のとおり、意識不足が原因の多くを占めており、「今さら偽装

するなというほどのことでもないはず」「正直な商売をしているはずだ」という、経営陣自身の意識に問題があることも散見される。

かつて、雪印乳業が食中毒を出した事案において、同社では同じ原因の不正を約30年前に犯していて、毎年、品質管理・衛生管理の教育を続けていたが、その研修・教育をやめたところ、また同じ事件を起こしてしまったとの現象が見られた。

このように、教育や意識啓蒙について、一時的に行うだけでは根付かず、マンネリといわれようとも繰り返していかないと、意識は薄れていくものである。

(2) 対　策

2013年にあらゆる企業で表示の偽装について問題になったにもかかわらず、いまだ偽装や虚偽表示の事件が後を絶たない現状にあることから、各企業とも意識啓蒙の重要性は認識していると思われる。

この点、自社のリスクを理解し、継続的な意識啓蒙の取り組みを行うべきである。もし、マンネリ化するというのであれば、外部講師や外部団体との交流など、目先を変えた研修も望ましい。

5　システム上の問題

(1) 原　因

いわゆるトレーサビリティ体制の確立ができていない企業においては、表示とのずれについて、属人的な体制となっていることが原因として指摘できる。

特に、レストラン、ホテルにおいては、総料理長の権限が強く、取引先の選定や仕入れの判断が、かなりブラックボックスになっていることが多く、さらには不正が発覚しても指摘しづらい（総料理長に辞められると困る）という現実がある。

(2) 対　策

取引先とも協議し、扱う部材によってトレーサビリティ確保の方法について、システムで導入できるところはコストをかけるべきである。

事例編

バーコードシステムや、QRコードシステムなど、費用が比較的安いしシステムもあるので、検討すべきである。

過去の不正事例

1　日本製紙・古紙パルプ配合比率偽装事件

（2008年3月24日調査委員会報告）

いわゆる、エコ偽装と呼ばれる事案であり、真実は古紙を数％しか使用していない製品について、再生紙を40％以上使用しているという表示をしていた事案である。

事案としては、再生年賀はがきの受注に絡む事案であり、直接的な動機や背景には、受注競争という営業上の動機・背景がクローズアップされているが、不祥事事例として学ぶべきは、なぜ、これが担当者の良心を咎めなかったか、というところである。

古紙と新紙では、当然、後者のほうが品質がよく、値段も高いものであり、古紙の比率が低いということは、それだけ高品質で高価値なものを提供していたことになり、担当者としては、「うそはついているが、損はさせていないから」という正当化の要素があったものと思われる。

次の食品偽装の事案もそうであるが、不祥事を行う担当者の言い訳・正当化として、「うそはついたが、損はさせていない」「本当のことではないが、害はない」という要素があると、ついつい、ジャッジが甘くなる傾向にある。

2　阪急阪神ホテルズ・メニュー偽装事件

（2014年1月31日第三者委員会報告）

一連の食品表示偽装事件の火付け役となってしまった事案である。

この事案をはじめ、多くの食品表示偽装事件の実態は、品質を落とし

て不当に儲けようというものではなく、仕入れと販売の連携不足・認識不足などの人的な能力の問題に原因があったものが多い。中には、表示のものよりも高価な品質のものを使用していたという事案すらあった。

これらの事案の背景には、本文で指摘したような表示の価値に対する認識の甘さ（損はさせていない、客はそこまで気にしていないという認識）があるといえる。

各企業においては、なぜそのような表示をするのか、表示をしたことによる責任について十分な教育をすることが必要である。

なお、この事件では、「誤表示」という用語を多用して、世間の批判を買ったというおまけがついた。

故意にうそをついたわけではないということを表現したかったために、法的素養のある人間が考え付きそうなネーミングであるが、このような言葉遊びをすると、とんでもないしっぺ返しが待っているということも学べた事案である。

不祥事対応の専門家であれば、絶対にそのような言葉遊びで乗り切るなどという愚かなアドバイスはしないが、相談する相手を間違えるとこのような落とし穴があるので、企業の側のセカンドオピニオン取得の必要性も学ぶべき事案である。

事例編

3 談合・カルテル

【事 例】
　ある日、会社の法務部に公正取引委員会から連絡があり、呼び出しがあった。
　何の用件かわからずに霞が関の公正取引委員会に行くと、担当官から「お宅の製品についてカルテルがあるとの情報をつかんでいる。2週間の余裕を与えるから、調査し、結果を報告せよ」と告げられた。
　すぐに帰社して、経営陣に報告すると、「そんなはずはないと思うが、何か根拠があるのだと思うから、慎重に調査せよ」と指示が出た。
　専門弁護士に連絡をとり、調査を依頼したところ、関係者がカルテル行為の存在を認め、動機について、「昨今の円安により購入コストがかなり高まってきたので、売価に転嫁したいが、顧客が強硬で受け入れてくれない。そこで、同じ状況にある他社と共同して、円安分の転嫁をすることを目的に行った。適正な値上げであり、違法な利益を得ていない」と主張した。

初動対応

1　想定すべきステークホルダー

(1) 被害者
　談合、カルテル（総称して、カルテル等とする）による被害者とは、

「本来ならば自由競争により企業努力が反映された金額を支払うはずが、これを超える金額の支払をさせられた」者である。

では、価格は適正だが、カルテル等をした場合、被害者は誰であろうか。

この点、カルテル等を「悪いカルテル」「良いカルテル」の2つがあるという理屈を述べる考え方があり、実際の事案でも、「我々は、カルテル行為をしたが、お客さんに損はさせていない。正当な対価だ」ということを述べて、正当化を図ろうとする者がいる。

しかしながら、現在の法制において、カルテルに良し悪しの区別はされておらず、たとえ顧客が得をしたとしても、カルテル等は禁じられている。

とすれば、被害者は具体的な経済的損失を被った者のみならず、「公正な市場、取引環境」に関わる者すべてが被害者であると理解することになる。

(2) 当局（監督官庁、規制当局）

① 公正取引委員会

いうまでもなく、公正取引委員会がその筆頭であるが、対象となる製品・サービス（以下「対象製品等」という）によっては、消費者庁、経済産業省もステークホルダーとなる。

また、カルテル行為が発覚したことによる制裁が年々過大になっていることからすると、課徴金や罰金などの金額が見えてくる段階では、上場企業は自主規制法人などの上場審査機関についての配慮が必要になる。

② 公正取引委員会対応について

この点については、詳細な指南書が多く発刊されているし、セミナーも開催されているので、詳細はそちらに譲ることとする。

共通していえることは、すぐに専門弁護士に相談をするということである。

カルテル等の対応は、近時、極めて高度化しており、当事者が付け焼

事例編

刃で何とかなるような事例はないと思うべきである。

③ 専門弁護士の確保

不正の発生に備えて相談窓口を確保しておくというのは、ジャパニーズスタンダードにはまだ存在しない。

しかしながら、カルテルだけは特殊な事情がある。

すなわち、日本でカルテル対応（課徴金減免申請や当局対応の指南）ができる法律事務所とは、そこそこの規模があり、かつ行政手続・刑事手続に精通した弁護士が存在している事務所である。

そのような事務所は日本で数が少なく、多くの場合、法律事務所の取り合いになる。

そして、1つの法律事務所は1つの当事者からしか受任できないことから、法律事務所探しで後れをとると、主要な事務所はすべて他のカルテル当事者に押さえられてしまっていると思うべきである。

すなわち、課徴金減免申請のレースは、法律事務所の確保のレースでもあるのである。

したがって、日ごろ各地で開催されているカルテルセミナーなどに参加し、講師の力量をはかり、もし信頼のおけそうな弁護士だと思う場合は、名刺交換後、個別に訪問し、面識をもっておくことである。

理解ある弁護士であれば、「一度、会社に訪問させてください」と言うであろう。

なぜなら、どんなに優秀な専門弁護士でも、日ごろ付き合いがない会社が駆け込んできても、有効でスムーズな調査を行うことは困難であるので、少なくとも、会社の規模、取り扱う商品、管理関係の役員との面談くらいは済ませておきたいと思うのが、通常の感覚だからである。

(3) マスコミ

カルテル等は、密室で行われること、高度な専門性があることなどから、マスコミが独自に調査をして発覚する、あるいは特別な情報をつかむということは少ない。

むしろ、当局が立ち入りをするまでまったく情報がつかめておらず、

当局からの発表をそのまま記事にするという傾向にあるため、他の不祥事に比べてマスコミ対応の負担度は少ない。

よって、立入調査、起訴、判決など、手続の節目でのマスコミ対応を行えば足りることが多い。

(4) 取引先

取引先が、当該対象商品等の取引を行っている場合、当然、必要以上に高い費用で取引させられたのではないかとの疑念をもち、差額賠償の問題に発展し得るので、会社としては、純粋な損害論のほか、取引継続のメリットなどを考慮した対応を行うことになる。

対象製品等以外の取引先も、自分たちの取引製品等は大丈夫かとの疑念をもつ。

いずれにしても各取引が正当な対価であったのかについては、カルテル等の存在とは別に検討することになるが、その時期はカルテル規制当局による調査等が終わってからであるから、それまでは「現在調査中のため、追って協議させていただきたい」のスタンスで一貫するのが通例である。

(5) 株主、一般市民

上場企業におけるカルテルについては、課徴金付加や入札資格の喪失といった財務・業績の悪化に関する問題として、株主、一般市民と関係する。

逆にいえば、処分が決まるまではあまり影響がないため、後記する広報タイミングにおける対応で足りる。

2　対外広報のタイミング

上記マスコミ対応で触れたように、公正取引委員会による立ち入り、検察官による起訴、課徴金納付命令といった節目がある程度予測できる類型であるので、対外広報計画は比較的容易である。

したがって、専門弁護士の指導も受けながら、各局面におけるコメントの作成と公表を行っていくことになる。

事例編

調査方針

1 調査チーム編成

　上記のとおり、カルテル等の対応において、当事者はもちろん、専門性のない弁護士ができることはほとんどない。
　したがって、課徴金減免申請を検討するにしろ、当局への対応を検討するにしろ、専門弁護士チームへの依頼に尽きる。

2 調査により明らかにすべき事項

　いわゆる事実関係は、当局の調査および専門弁護士による調査により解明されるので、会社としては全面的に協力し、少しでも正確な情報が伝わるように最大限の努力をすることになる。
　他方、事実関係の解明が行われた後、関係者の処分や経営責任の明確化のための調査は、別途、必要になる。
　その場合のチーム編成は、カルテル専門弁護士である必要はなく、コーポレートがわかる弁護士や識者の手助けを受けて行うことになる。

再発防止策のポイント

1 リスク管理体制の問題

(1) 原　因

　カルテル等の対策として目指すべきは、「カルテル等をさせないための管理体制」の構築であり、「カルテル等を早期に発見する管理体制」を指向するのは誤っている。

かなり刺激的な表現に思われるかもしれないが、自前でカルテル等を「発見」するのは、かなり困難であるというのが筆者の実感である。

その理由は、カルテル等を行う部署・従業員は、カルテルは必要悪であり、自分たちのことを「憂国（社）の士・名誉ある汚れ役」だと信じているからである。

すなわち、「経営者は、皆、カルテル等はやるなと言うが、それでは業績が上がらない、適正な値上げができない」といった本音が見え隠れしている状況において、「要は、ばれないようにやればいいのだ」と考えて行っている。

そうすると、1度、カルテルに手を染めた社員たちは、会社にもばれないように、徹底した隠ぺい工作を行う。たとえば、会社のメールアドレスを使用しない、私用電話で連絡をとり合う、会うときは必ず社外の喫茶店など、痕跡を残さないように細心の注意を払うのである。

以上からすれば、会社にできる管理体制とは、防止に向けた方策であり、発見に向けた体制は徒労に終わると考える。

(2) 対　策

① 経営メッセージ

上記のとおり、発生させないための要因は、経営者が本気で禁止するかどうかにかかっている。

つまり、「ばれないようにやれ」という本音が見え隠れしているようなメッセージでは、従業員は業績を達成するための方策こそ最優先であると考え、そのために必要ならカルテルでも何でもやるのである。

したがって、対策の第一歩は、「カルテル等の不正な手段で得られる売り上げは、1円もいらない」という真摯なメッセージと、そのメッセージを体現するための体制構築である。

いくら立派なメッセージを発信しても、結局は、売り上げという結果だけでしか評価されず、かつ、コンプライアンスへの取り組みが数値化されず、評価軸に入ってこないようなら、こっそりやるだけのことだということになる。

事例編

② マニュアル策定と実施状況の監査

　まず、専門弁護士の手助けを受けながら、自社でカルテル等が発生するとすれば、どの部署、どの商品なのかにつき、スクリーニングを行う。そのうえで、該当する部署、商品について、同業者との接し方や、カルテル等に巻き込まれそうになったときの対処法についてマニュアル化を行う。

　そして、マニュアルについては、現状に応じて具体的事例を追記していき、これを浸透するためのグループ研修を実施していくべきである。

2　リスク情報収集体制の問題

(1)　原　因

　上記のとおり、すでにカルテル等の状態に突入していると、情報を入手して発見するのは困難である。

　しかし、マニュアルがあっても、実際の営業活動の中で、どこからが適法な情報交換、どこからがカルテル等になるという意識をもつというのは、かなり高度な要求である。

　したがって、マニュアルの作成で終わり、実際の運用を見るための情報収集に配慮していないことが、カルテル状態への突入を許してしまう原因となる。

(2)　対　策

　営業部門のみならず、管理部門も入れた防止プロジェクトを立ち上げ、営業の実際、カルテル等に引き込まれる実例などについて、管理と営業の双方の誤解を乗り越えつつ、経営メッセージである「違法な方法での売り上げを排除する」方法を練る場をつくることは有効である。

　営業部門の不満として、「禁止はされるが、ではどうすべきかの答えが用意されていない」というものがある。

　これを、部署を跨いだ定期的な情報交換・意見交換のプロジェクトを通じて、業務に対する相互理解と新しい施策の提案につなげられれば、情報の収集・共有もスムーズに行える関係性を構築できる。

3　人員配置上の問題

⑴　原　因

カルテル等が発生してしまった後にローテーションを行う場合、カルテル担当者のローテーションが行われるのが通常である。

すなわち、カルテル等の行為を行う「前任者」から「後任者」への引き継ぎが行われるだけであり、通常のローテーションが功を奏することは少ない。

⑵　対　策

マニュアル策定とその実践にも関連するが、人事異動を実施するごとに、カルテル等に対する会社の方針をしっかりと確認・指導する場を必ず設けることで、良心の呵責をもつ人間を期待することが考えられる。

また、スクリーニングの結果、危険な部署については、営業部門の中に管理部門の一部を組み込んで、より機動的な相談体制と対応体制を構築するのも有効である。

4　意識啓蒙の問題

上記のとおり、今の時代にカルテル等に手を染める社員というのは、うっかりや出来心ではなく、確信的に敢行している。

よって、ありきたりの正論を何度繰り返しても、残念ながら馬耳東風である。

上記管理体制でも触れたとおり、意識は組織から生まれるので、まずは、経営者の本気を組織づくり、マニュアルづくりに反映させて、これを徹底して繰り返し強調していくことで、カルテル等によって売り上げを確保しようとすることの愚かさを説き続ける以外にない。

5　システム上の問題

残念ながら、カルテルが発生している状況を会社内のシステムで探知することは、ほぼ無理である。

事例編

しかしながら、私的領域においてカルテル等を行うという性質を逆手にとったシステム上の対策はある。

たとえば、会社からタブレットやスマートフォンを配布し、常にGPSをオンにしておくことを要求する、私用携帯電話の会社内持ち込みを禁止する、固定電話を廃止して、固定電話番号への入電をスマートフォンで受けることができるようにするなど、私的領域での業務行為が行われないための対策は複数あるので、これらをマニュアルと組み合わせて、カルテル行為を行う余地を狭めていく取り組みが望ましい。

過去の不正事例

住友電気工業株式会社・カルテル株主代表訴訟

（2014年5月7日　和解成立）

これは、車輌部品であるワイヤーハーネスの価格について、同業他社とのカルテルを行ったとされる事案であり、事案の構造自体は、本文で紹介した内容におおむね一致しており、さして特筆すべき点はない。

この事案で特筆すべきなのは、その後の代表訴訟である。

この代表訴訟では、カルテルを発生させたという管理上の責任に加えて、課徴金減免制度の活用が遅れたため、順位が劣後し、十分な減免を受けられなかったことを損害として主張した初めてのケースである。

最終的に和解で終了しているが、この争点は、筆者のような不正調査の専門家にとっては、背筋の凍るような問題である。

すなわち、会社側がカルテルの存在を知りながら、あえて課徴金減免申請をしなかったのであれば、その責任を問われてもやむを得ないが、カルテルの疑いがあると考え、調査を開始したのに、その調査が遅くなったために課徴金減免順位が劣後してしまった場合、対応が遅かったことについての過失責任を問うという裁判だったのである。

会社にしてみれば、プロに委託したはずが、そのプロの腕が悪ければ、代表訴訟に発展するという恐ろしい事案であった。

　和解で終わったためにこの点の裁判所の判断は示されなかったが、この結末で胸をなでおろしたのは、実は会社関係者ではなく、調査を担当した弁護士であったはずである。

事例編

異物混入

【事　例】
　自社製造の食品について、羽虫が混入しているとの通報があった。
　製品の製造年月日をさかのぼると、混入したラインは特定できたが、すでに1万品以上が出荷されており、出荷範囲が日本全国に及んでいるため、すべての回収は事実上困難な状況である。

初動対応

1　想定すべきステークホルダー

(1)　被害者

　異物混入事故発生時に必要な行動は、責任ある立場の者が、通報した被害者のところへ出向き、混入した現物を受領することである。

　混入経路の特定や自社製造工程との関連性の調査など、その後の会社の行動にとって現物の確保はすべてに優先する。

　よって、社内での情報共有は重要であるものの、それ以上に、まずは責任ある立場の者がすぐに赴き、丁寧に謝罪し、原因究明と報告を約束して、商品を預かってくる、ということを早期にしなければならない。

　原因がわからないのに謝罪対応をすることに抵抗をもつ人もいるかもしれないが、どこに原因があるにせよ、自社の製品で気分を害している人がいるなら、謝意を示すことは何ら企業に損をもたらすものではな

い。

　後々の法的責任は謝罪したことで決まるのではないから、まずは行動あるのみである。

　そして、当該異物を発見した消費者はもちろん、同じロット、同じラインで製造された商品の購入者も被害者として認識し、その後の企業行動を決するべきである。

　法的には、数値に換算できる損害がなければ賠償義務は生じないが、目先の賠償義務を否定することで、それによって企業イメージが悪くなり、売り上げが落ちて多くの損害が出ることを考えれば、初動における消費者心理に配慮した経済的支出の決断は重要である。

　具体的には、回収、交換、修理、返金などである。

　過去、品質偽装事件ではあるが、不祥事対応に精通していない弁護士のアドバイスに従ったばかりに、「消費者には損害がない」「立証責任は消費者の側にある」「返金ではなく、原則交換で対応する」といった形式的な対応をしてしまい、消費者の反感を買い、マスコミの攻撃を受け、社長が辞任に追い込まれた事例がある。

　なお、異物混入での炎上事件が悪しき消費者を生んでいるのも事実であり、ここぞとばかりに常識外の要求をする者もいる。

　①異物の早期回収、②原因の特定、③消費者への謝罪と説明、④補償の要否などについては、すでに過去の例の積み重ねで指摘されているところであるので、これらを粛々と行い、これを超える、たとえば多額の金銭要求の場合は、すぐに専門弁護士にバトンタッチすべきである。

(2)　当局（監督官庁、規制当局）

　混入した異物の性質によるが、早い段階で保健所、消費者庁など、該当する当局に申告すべきである。

　というのも、問題を起こした企業の側が、「保健所には言いたくない」などの弱みをもっていると、そこに付け込んでくるのが、悪しき消費者だからである。

　すでに保健所に届け出をしておけば、「保健所に言うぞ」などという者

事例編

を排除することができる。

なお、東京都だけでも、年間数百件以上、異物混入の申告があり、保健所に申告したからといって、ただちに営業停止などにはならない。

(3) マスコミ

上記のとおり、異物混入自体、現象としてはニュースバリューはなく、マスコミも健康被害が生じるような事案でもなければ、通報があっても大した報道をしない傾向にあるといえる。

ただし、後掲する事案のような虫が混入しているとの申告があったのに真摯な対応をしなかったため、インターネットを通じて炎上をしてしまい、結果的にマスコミも大きく取り上げることになり、ラインすべてを止める事態に発展したものがある。

このように、ネット上で炎上してしまうと、「ネットで炎上していること」がニュースバリューを高めてしまうことに留意しなければならない。

(4) 取引先

異物混入が流通商品である場合は、原因が特定できるまで、回収や返品を要求されることがある。

もちろん、法的には因果関係の立証、損害の立証などは取引先の側にあるが、ここで信頼関係を損なえば、商品そのものを取り扱ってくれなくなるリスクがある。

最近の大手小売業は、何か消費者に不安を与えるニュースが生じた場合、すぐに店頭からの撤去を行う傾向にあるが、これは大手小売業なりのコンプライアンスであるし、消費者から信頼されるためのコストとして認識されている。

とすれば、法的にはともかく、消費者あっての商売をしている取引先との関係では、少々過剰であったとしても柔軟な対応で行うことが、長い目で見て企業にとって得である場合が多い。

(5) 株主、一般市民

もし、ネット上での炎上や過熱報道があると、一時、株価が下落することがある。

そのため、ホームページ上で、こまめに対応状況を更新するなどして、投資家向けの判断材料を提供する努力が必要である。

また、ネット上で炎上した場合、一般消費者は敵に回ることが多い。

しかも、本社に苦情の電話をかけてきたり、ネット上で憶測の書き込みをする人たちは、基本的に当該対象商品を買っていない、傍観者であることが多いためタチが悪い。

もちろん、貴重な意見をいただいているというスタンスを崩すべきでないが、そうかといって、無責任にあおっているだけの匿名層に対し、過剰な反応をすることは、かえって正当な利益を損なうことになる。

2　対外広報のタイミング

安全性に関わる異物混入の場合は、ただちに投げ込みや会見などで、広く摂取中止を呼びかける必要がある。

問題は、人命や健康に影響がないと思われる場合である。

店頭で提供する飲食物の場合は、工場ではなく、当該店舗で混入した可能性があるので、対応は個別店舗ごとになる場合が多い。

しかし、流通商品の場合は、いったんラインを止めるなどの措置を余儀なくされる場合は、健康被害がなくとも広報対応をしたほうがベターである。

なぜなら、異物の混入原因が特定できないからラインを止めるのであり、健康被害がないかもしれないが、そもそも混入ルートが特定できていない状況では、ほかのものが混入しないという保証がないからである。

さらに、筆者の経験上、大した異物でもないのにラインを止めて点検するとか、差し替えるというような対応をした場合、おおむね世間は「そのレベルの問題に対しても、しっかりとした誠意ある対応をする企業だ」とプラスに評価する傾向にあるため、目先の生産量が減少したとしても、企業イメージはかえって向上することが多い。

このように、些細な事案こそ、しっかりした原因解明と開示というコストをかけることは、非常に有効な「宣伝広告費」と理解できよう。

事例編

調査方針

1　調査チーム編成

　現象そのものの解明は、社外の有識者の力を借りるまでもなく解明できることが多い。ただし、健康被害などを出したような事案では、経営責任の明確化が必要になる場合があるため、社内調査に加えて、第三者による調査や評価を行うことが有効な場合がある。

2　調査により明らかにすべき事項

(1)　不正態様、手口

　異物混入の場合、テロ的な故意の混入でないかぎり、過失、ミス、確認不足が原因のほとんどである。

　よって、どのようにして混入に至ったのかについては、作業手順の確認とともに、作業手順が甘かったのか、それとも作業手順さえ守っていれば発生しなかったのかなど、ルールに問題があるのか、運用に問題があるのかを解明することが重要である。

(2)　動機、背景

　上記のとおり、故意ではなく過失の場合であっても、事案によっては、品質に対する関心が低いとか、異物混入に対するコストをかけないという風潮があることが、事件発生の背景・動機になっていることがあるので、現象のみならず、品質管理体制全体を見て、その背景にある企業としての思想や社内風土を解明するように努めるべきである。

(3)　関与者の範囲

　これも、異物混入のラインが特定できれば、その範囲内で調査をすることになるが、他方で、偶然、そのラインで発生しただけで、ほかのラインでも、同じ商品、同じ製造機器を使用しているという状況がある場

合は、そこでも問題がないのかを調べることが必要である。

(4) ガバナンスの状況

上記のとおり、ルールに問題があるのか、ルールを守っていなかったのかの調査の結果によって、その後の対策が大きく変わる。

もし、ルール自体に問題がなく、その遵守体制に問題があるのであれば、他のルールの遵守状況にも影響が及ぶと考えるべきであるから、他の運用状況も調査が必要である。

(5) 経営陣の関与の有無

経営陣が異物混入に関わることはほとんどない。

しかしながら、経営陣が異物混入に対する世間の関心を理解せず、異物探知機・金属探知機などの検査機器、工場出入り口のウォール（エアーカーテン、捕虫器等）などのハード面に対する投資をしていなかった場合は、当然、経営責任が問われる。

また、混入が発覚した後のいい加減な対応により炎上したような場合、経営幹部が現象を正しく認識せず、また、問題を矮小化しようとして失敗している例もあり、事後処理で問題を大きくしてしまうのは、現場よりも経営陣であることが多いともいえる。

3　社外専門家への依頼タイミング

異物混入そのものの解明に社外専門家は不要である。他方で、事故発生時の初動や関係者への説明に関し、早い段階で専門家の手助けを受けることができれば、問題が炎上することを避けることができる。

再発防止策のポイント

1　リスク管理体制の問題

日ごろの作業マニュアルの遵守状況について、事業部内でどのように

事 例 編

管理・対応しているかのチェックは、管理部門からも行うべきである。

たとえば、時々、無記名アンケートを実施し、品質管理上、問題と思うものを出してほしいと募集すると、手順をさぼっている実態があることが判明することが多い。

また、マニュアルそのものが現状に即していないと、現場でマニュアル以外のローカルルールが発生してしまい、管理から見えなくなってしまうリスクもある。

したがって、現場への訪問による遵守状況の点検のほか、無記名アンケートなどチェック方法のバリエーションをもたせるなどして、常に、製造に関わる従業員の緊張感を途切れさせないための方策が必要である。

2　リスク情報収集体制の問題

異物混入で怖いのは、その情報が幹部に共有されず、現場だけで何とか処理しようとしたが、炎上してしまい、その後に幹部が知るという現象である。

情報の伝達ルートは、横と縦、すなわち、現場責任者レベル間における水平的情報展開と経営陣に共有する垂直的情報展開があるが、この両者をどのように組み合わせればその会社における情報共有がスムーズにいくかを検討すべきである。

一般的に、食品会社における異物混入の情報は、トップまで上げるべき情報としている企業が多いが、大企業になれば1つひとつ社長が判断するのは非現実的なので、社長に代わって陣頭指揮をとる危機管理本部長（社長が本部長ならば、その代理）までの情報共有体制、特に正確性よりもスピードを重視する手順・風潮が重要である。

3　人員配置上の問題

異物混入が属人的要因で発生する例はあまりないが、ローカルルールが存在しているような場合は、適正なローテーションを実施すること

で、ローカルルールの存在を他に知らせることができる。

4　意識啓蒙の問題

食品業界においては、食の安全性・品質の保証は、1丁目1番地であるという企業がほとんどであると思うが、当たり前だからこそ、緊張感が緩くなる原因にもなるのである。

特に、工場において、パート社員や派遣社員に作業のほとんどを任せている企業は、彼らが正社員と同じ意識で仕事に臨んでくれているのかを常に気にしなければならない。

同じ労働内容なのに賃金の格差が生じているということが現場のモチベーションを下げていることもあるので、当たり前と思わず、定期的な研修、意識啓蒙のためのプロジェクトは重要である。

5　システム上の問題

異物混入そのもののシステムはここでは割愛する。

異物混入がある程度生じるのはどの食品・飲食業でも避けられない現象であるが、日ごろの情報収集がより混入をさせないための知恵を生むことは上記のとおりである。

このように、システムとして、リスク情報をどのように吸い上げるかを検討したものを構築していくことで、よりスピーディな情報共有とそのフィードバックが可能になる。

過去の不正事例

まるか食品・異物混入事件（いわゆるペヤング事件）

（2014年12月2日発覚、同月11日全商品製造停止）

異物混入の代名詞となってしまった、カップ焼きそばにゴキブリの死

事例編

骸が混入していた事案である。

　食品を扱う工場において、異物混入が発生しない工場など存在せず、本文で述べたとおり、東京都だけでも異物混入に関する保健所報告事例は、年間数百件を優に超えている。

　よって、異物を混入させてしまったこと自体は、不可避のリスクであって、新たな製造体制の構築のためのきっかけとするほかない。

　問題は、正しい対応をしていれば、少なくとも当該商品製造時期の商品の回収や製造ラインの特定とその点検で済んだものが、同事案のようにすべての製品製造中止に追い込まれることになってしまったのは、やはり、リスク発生に備えたマニュアルや訓練の差が出てしまったものといえる。

　同社も食品会社である以上、リスクの予想やトラブル発生時のマニュアルは当然存在していたはずであるが、残念ながら、初期対応において、外部からの混入と決めてかかったり、マスコミ対応で混乱するなど、失敗の連続であったことが指摘されている。

　たまたま、同社製品に対する消費者の嗜好に支えられて、製造再開にこぎつけることができたが、これは運がよかったというほかなく、通常の企業であれば、倒産していてもおかしくなかったほどのインパクトがあった事案である。

5 SNS炎上

【事例】
　自社工場で製造している袋入り製品に、虫が混入しているとの申し出があった。
　対応したお客様相談センターの担当者がただちに現物を回収するために消費者のところへ行ったが、すでに廃棄され、写真だけが残っていた。
　写真だけでは、何の虫か特定できず、いつ、どの段階で混入したのか判別するのは困難であった。
　消費者には、「当社の異物混入チェック体制は万全を期しておりますので、工場ではなく、もともとの原料に交じっていたものと思われますが、はっきりとはわかりません。結果がわかり次第、ご報告申し上げます」と説明した。
　ところが、翌日、外部の取引先から「ネット上でお宅が炎上しているぞ」との情報がもたらされ、ネットで会社名を検索すると、虫が混入した商品の画像がフェイスブックやツイッターなどで拡散してしまっていた。
　その翌日、炎上しているというニュースがマスコミに取り上げられ、消費者からの苦情の電話が鳴り止まない状況になった。

事例編

初動対応

1 想定すべきステークホルダー

(1) 被害者

炎上そのものに関し、具体的な被害者は想定しがたい。炎上のきっかけが異物混入であったならば、異物混入問題として取り扱う。

なお、炎上のきっかけとなった事案の被害者が、炎上現象では「加害者」側に回るのが通常であるが、炎上させてしまった責任は企業にあるので、間違っても、自分たちが被害者であると認識したり、あるいは「被害者」を加害者扱いすることのないように、社内の空気に配慮しないと、2次・3次の炎上につながる。

(2) 当局（監督官庁、規制当局）

SNS炎上そのものには、監督官庁の問題は存在しない。しかしながら、炎上の内容が、不衛生な行為であれば保健所、立ち入り禁止場所であれば当該規制官庁、犯罪に該当する場合は警察への届け出が必要になる。

(3) マスコミ

最近のマスコミは、SNSで炎上していること自体をニュースとして報道する傾向が見られるので、炎上のきっかけが小さな問題であったとしても、炎上したことでニュースバリューが増加し、報道されてしまう。その結果、より多くの人が知るところとなり、ネット上で検索し、さらに収まりがつかなくなるという負の循環が始まるので、マスコミへのコメントや対応のスピードは高度なものが求められる。

(4) 取引先

炎上のきっかけとなった商品・設備と関連する取引先に対しては、事実を報告するとともに、今後の対応について誠実に協議を始める必要が

ある。

　なお、自社従業員が炎上させたことで、取引先での回収が風評騒ぎになった場合は、使用者責任（民法715条）に基づく損害賠償請求が発生することも知っておくべきである。

(5)　株主、一般市民

　炎上だけで開示の義務は生じないが、対応を誤ったために不買運動などにつながった場合は、経営責任を明確化するなどの対応が必要になる。

2　対外広報のタイミング

　異物混入でも触れたが、トラブルの発生原因自体はあまり大きな問題でなくとも、対応が不誠実であるなどの炎上要素が加わることで、一気に拡散する特徴がある。

　炎上したならば、正確な情報が伝わることを期待するのは困難であるので、早い段階で正しい情報を発信することが何より重要となる。

調査方針

1　調査チーム編成

　調査チームは基本的に社内で完結できるが、メディア対応に不慣れな会社の場合は、スポット的にコンサルタントを入れてアドバイスを求めるべきである。

2　調査により明らかにすべき事項

　炎上のきっかけそのものについての原因調査と、炎上してしまった原因の調査は分けて検討すべきである。

　とにかく、スピードが要求されるのが前者であり、通常の調査スピー

ドが炎上によってさらに加速するというイメージをもっておくべきである。

他方、後者については、当面の対応が落ち着いた後で検証することになる。

多くの場合、事実確認を怠った、情報伝達を怠ったなど、ヒューマンエラーが炎上のきっかけとなっており、今後のマニュアルづくりにつなげられるよう、起きた事実の整理と評価を行うべきである。

3　社外専門家への依頼タイミング

理想をいえば、炎上を察知するとともに、広報の専門家へ意見を求めるべきである。

最近のネット上の炎上は、これまでの風評被害の広がりとは比べ物にならないほどのスピードがあるので、できれば日ごろから、炎上した場合の対応に長けているコンサルタントとのつながりをもっておくべきである。

再発防止策のポイント

1　リスク管理体制の問題

炎上とは、人の感情を逆なでするから発生するのである。

そして、どのような現象が、誰の感情を逆なでするかを予測するのは、ほぼ無理である。

したがって、日ごろのリスク管理でできることとして、顧客からのクレームに対する正しい対応マニュアルを整備し、現場任せにせず、本社管理機能が情報を把握して対応を一本化していく体制づくりが、リスクを最小限に抑えるために重要である。

2　リスク情報収集体制の問題

これは、炎上原因の情報収集体制とリンクして検討する。

たとえば、異物混入を例にすれば、異物混入が発生した際の情報共有体制が、炎上原因についての情報共有体制となるのである。

その際、現象のみならず、どのような対応をしたのかについて報告すると思うので、あわせて管理の側はネット上の反応がないかの情報収集も開始することになる。

3　人員配置上の問題

マニュアルによってトラブル対応が整備されている場合は、人員配置の問題はない。

飲食店の場合は現場の責任者が、工場出荷品の場合はお客様相談室が、というように窓口は決められていることが多いが、その先の情報共有体制についてまで整備しているところは多くない。

窓口だけを決めて、その後の共有をきちんと管理できないと、炎上していることに気づかないまま、対応が後手後手に回ることになるので、注意が必要である。

4　意識啓蒙の問題

ネットの怖さについての教育が不足している。

一部報道されるような、若者の悪ふざけだけとして見ていると、自分とは関係がないと考えがちになる。

しかし、報道されていない炎上事案は多数ある。そのため、目先の顧客のみならず、他の消費者からの目線も意識した対応ができるよう、プロによる研修が必要である。

5　システム上の問題

炎上の問題は、自社の対応がまずくネット上での風評で炎上を始めた

事例編

ことをいち早く察知することが重要であり、現在、そのような検索サービスを提供している業者もいるので、炎上によるコストと比較のうえ、適切に監視ツールを導入することも検討すべきである。

過去の不正事例

2014年の一連の炎上事例がある。

業務上の死傷事故

【事　例】
　記録的な集中豪雨が発生し、危険物取扱いの工場内に、排水が溢れ出す事態となった。
　近隣に、人体に有害な物質が流出し、気分が悪くなるなどの被害者が多数出た。

初動対応

1　想定すべきステークホルダー

(1)　被害者

　被害者は、当然、当該症状が出た方々である。

　なお、事例のような異常気象が原因の場合、予見可能性がなかったとされる場合が多いため、法的には無過失であるとの主張が可能な場合がある。

　したがって、顧問弁護士によっては、「異常気象が原因である以上、賠償責任はない。責任がないのに賠償すると、それは寄付に該当することになる。株主向けの説明ができないのではないか」などの見解をもつ弁護士もいると思われる。

　しかしながら、当該地域でその後も操業・営業していく以上は、形式的な法律論で対応すると、目先の金を惜しんで大きなものを失うことになりかねない。

　したがって、法的な責任はさておき、被害を与えてしまった方への補

償については、過失があった場合と同等に行うべきである。

　この場合、保険が適用される場合もあるので、支出については保険会社と協議することは可能だが、保険金が出ないからといって補償をしないという選択肢はない。

　上場会社の場合、株主向けの説明が重要になるが、一連の支出を、地域に根付いた経営をするための宣伝広告費、事業継続費として解釈しているとの説明で納得しない株主はいない。

　むしろ、法律論を盾に形式的な対応をした結果、会社の評判が悪くなって業績が落ちることのほうが、株主にとっては受け入れられないと思われる。

(2) 当局（監督官庁、規制当局）

　監督官庁へは、いち早い情報共有が必要であり、マスコミを通じて監督官庁が知るような事態は避けなければならない。

　しかしながら、完全に監督官庁の言いなりになるというのも、問題が多い。

　すなわち、当該企業がそのような被害を出したことについて、マスコミや国民の批判が、監督官庁の指導体制そのものに矛先が向いてしまうことがあるのである。

　そうすると、監督官庁の職員も人間であるから、自身への批判を避けるために、必要以上の対応を企業に求めたり、責任のすべてを企業になすりつけて保身を図る可能性がないとはいえない。

　このあたりは、監督官庁対応に長けた弁護士に依頼して、バランスを見極めた対応をしないと、監督官庁に言われるがまま行動した結果、多額の不必要な支出を余儀なくされたうえ、はしごを外されてしまい、企業価値が大きく毀損するおそれもあるので、要注意である。

　また、死傷者が出た場合は、警察も動くのが通例であるから、刑事対応に長けた弁護士にも動いてもらい、会社の対応についての指導を受けるべきである。

　残念ながら、広報対応、リスク対応、監督官庁対応、刑事対応につい

てすべて1人でできる弁護士は数えるほどしかいないため、日ごろからコミュニケーションをとっておき、すぐにアクセスするか、もしくは複数の弁護士を選任し、相互の連携でもって、足並みが乱れないように対応することを依頼すべきである。

(3) マスコミ

本件のような事案は、マスコミの格好のターゲットとなると覚悟すべきである。

しかしながら、マスコミを敵とみなした対応をすることは、その向こうにいる国民を敵に回してしまうことにもなりかねないので、あくまで、マスコミの力を借りて、事態を正しく報道してもらい、会社として真摯に取り組んでいることを報道してもらうことに全力を尽くすべきである。

よって、死傷者が出たような場合は、発生から2時間以内に最初の会見を開くべきであり、その後も、事案の大きさによって1時間ごとなどの会見を開催し、リアルタイムの情報を共有するという特別なマスコミ対応が必要になる。

(4) 取引先

取引先に直接の被害が及ぶ場合は、当然、連絡をしたうえで今後の供給体制などの協議をすべきである。

なお、取引先との基本契約上、大きな事故を発生させた場合の報告義務や無催告解除などの条項が入っている場合は、これらの対応も必要となる。

(5) 株主、一般市民

大きな死傷事故を起こした場合、株価が下がることは避けられない。

よって、まずは一般国民向けの広報対応が、株主向けの対応としても重要である。

また、対応を誤ると不買運動につながることもあるので、被害者に対する誠意とともに、原因究明と再発防止のための体制づくりが、一般市民向けには重要となる。

事例編

2　対外広報のタイミング

　前述のように、死傷者を出した場合は、事件発生から２時間以内の会見ができるよう日ごろのリスクマネジメントが大事であるが、とりわけ危機発生時の連携や情報収集を確認し、落ち着いた対応が必要になる。

　危機管理コンサルタントには、これら緊急対応を得意とする者が多いので、日ごろから指導を受け、また、有事の際の指導も仰ぐことが重要である。

調査方針

1　調査チーム編成

　発生初期は、社内で完結するべきである。とにかく、早期の原因解明と防止策の公表によって、世間を安心させることを最優先すべきである。

　そして、一定の原因が見えてきて、監督官庁対応、被害者対応、警察対応など、外部との対応・交渉の段階に突入した段階で、これらを得意とする弁護士に動いてもらい、それぞれの局面で説明すべき、事実関係の調査や検証をしてもらうべきである。

　最後に、事態が収束を迎える局面で、経営責任を明らかにするため、あるいは中長期的な再発防止策の検証のために、第三者を交えた検証を行うべきである。

2　調査により明らかにすべき事項

　まず、事実関係に関しては、５Ｗ１Ｈに基づいて発生した現象を正確に把握するとともに、被害予想、被害拡大予想についても、なるべく広めに把握すべきである。

直接の被害者や関連して損害を被った人に対しては、過失の有無に関わらず補償の対象とするので、責任の所在の解明そのものは急務ではない。

しかしながら、監督官庁対応、保険会社対応、警察対応などにおいては、責任の所在を明らかにするよう求められることが多い。

この場合、いわゆる経営責任のレベルなのか、民事責任のレベルなのか、刑事責任のレベルなのかなど、場面場面で要求される内容が異なり、素人が対応するのは不可能といえる。

よって、責任の所在については、当該局面ごとに専門家の手助けを得て行うべきであり、安易に社内だけで結論を出すと不適切な結果を招いてしまうので、留意すべきである。

3　社外専門家への依頼タイミング

場面ごとに頼るべきステータスは異なるのだが、できれば発生当初の段階で専門家を招集しておくと、タイムラグや認識のずれを最小限にすることができるので、最初の会見に間に合わなくとも、その直後にはコンタクトがとれていることが望ましい。

危機管理の専門家ならば、必ず、名刺に携帯電話番号を記載しているので（逆にいえば、携帯電話番号を名刺に記載していない者は、危機対応をしてもらえないと理解して差し支えない）、すぐに事務所もしくはダイレクトに連絡を入れるべきである。

再発防止策のポイント

1　リスク管理体制の問題

(1)　原　因

各施設の安全設計基準は、一定の想定事象が前提となっている。たと

事 例 編

えば、地震の規模や降雨量・降雪量などである。

　しかしながら、これらはあくまで、設計が法令の範囲内ということを意味しているだけであり、被害が発生しないことを保証してくれるものではない。

　近時、突然の大雨や大雪など、各地で過去に経験のない異常気象が多発していることから、設計の前提となる気象条件などがどうなっているのかについて把握をしたうえで、もし、近い地域でその前提を超える気象現象が発生した場合は、これに備えた補強を行うなど、予測できないことをさらに予測する努力を怠らないことである。

(2) 対　策

　いわゆるヒューマンエラー対策が徹底できていることを前提としたうえで、天候が理由として発生する事故についても、情報収集を行う体制の確立が必要である。

　集中豪雨も、突然多くの量が降るのではなく、徐々に降水量が増えていくなど、時間的経過があるのが通常である。

　よって、早い段階での情報収集と、大事をとっての隔離や操業停止などの判断が重要である。

　リスク対策にとって、「見逃し」（大丈夫だろうと高をくくること）と「空振り」（大事をとって対応したら、杞憂だったということ）は、まったく価値が異なることを今一度意識すべきである。

2　リスク情報収集体制の問題

(1) 原　因

　日ごろから危険予測活動に基づき、小さな異常でも報告、整理する習慣のある組織においては、異常が出始めた際の反応も早い。

　他方、リスク情報が現場だけで滞っている組織においては、上層部に上がるころの情報の鮮度が落ちており、そのため、対応が後手後手に回ってしまう。

(2) 対　策

通常の報告ルート（たとえば、係員→主任→係長→課長）での情報共有も重要であるが、一定の現象発生時には、幹部向け一斉メールを使用するなど、事案に応じたいち早い情報共有を可能にする体制が望ましい。

3　人員配置上の問題

ヒューマンエラー事象においては、人事ローテーションが少なく、緊張感が薄れているなどの原因が指摘できるが、天災対応など不測の事態の対応と人員配置はあまり関連性がない。

4　意識啓蒙の問題

すでに触れたが、建物や機械の設計が一定の基準を満たしているということは、法令上の要請にすぎないのであって、無事故の保証ではない。

しかしながら、そのような基準を満たしているという事実が、人間の注意を散漫にする効果があり（これを「リスクのホメオスタシス現象」と呼ぶ）、警戒心が薄れる状態を招くことがある。

よって、システムを過信することなく、最後は人間の感覚で確認することの重要性を教育し、不測の事態にも対応できるように、「空振り」をおそれない危機感覚を養う教育をするべきである。

5　システム上の問題

異常事態の発生に気づくのは、システムによる担保が可能である。

天気予報との連動や、雨量計、積雪計などのシステムによって、異常な現象が発生する傾向をシステムでつかみ、早めの対応を行うことが重要である。

事例編

過去の不正事例

三菱マテリアル・四日市工場火災事件

（2014年6月12日調査委員会報告）

　この事件は、加水分解生成物に引火したという事案であるが、引火の危険性に関する知見が不足していたことが指摘されているものの、その危険度の大きさに関しては必ずしも公的な見解がなく、経験的なものにすぎなかったという特異点があり、避けようがなかった可能性が包含されている事案である。

　ただし、結果的に死者を出しており、もし法的な責任原因がないということで安易な対応をしていれば、同社の姿勢に対する批判や遺族感情の激化により、より大きな処分が加えられた可能性があり、あくまでも自社に責任があるとの姿勢を貫いた同社の経営判断は正しい。

7 インサイダー取引

【事　例】
　会社が公開買い付けの方法による大型のM&Aを公表し、当該対象企業の株価が上昇した。
　買い付け終了後、半年ほどたったある日、会社宛に証券取引等監視委員会から電話があり、特定の従業員に関し、インサイダー取引の疑いがあると連絡があった。
　当該従業員は、総務部所属の従業員であり、取締役会議事録を作成する立場にある者であった。

初動対応

1　想定すべきステークホルダー

(1)　被害者

　インサイダー取引の被害者は具体的な人間ではない。株の場合、損をする者がいるからこそ得をする者がいるとの見方もできるが、インサイダー取引の場合は損をする人間がいるから儲けたのではなく、ずるい方法によって株の値上がりを知り得たことで利益を得る行為である。
　したがって、被害者としては、証券市場全体であり、善良な取引慣行である。
　このように、抽象的な被害者しかいないということは、何か贖罪をして何とかなる事案ではなく、処罰を逃れる方法が用意されていないというところに特徴がある。

(2) 当局（監督官庁、規制当局）

証券取引等監視委員会はもちろん、自主規制法人、主幹証券会社も当局として認識すべきである。

インサイダー取引については、徹底した情報管理がなされているのが現状であり、たとえ自らが取引しなくても、特定の情報に基づいて取引したかどうかを判別するプログラムが開発され、また、証券会社等からの通報が積極的になされている。よって、証券取引等監視委員会から連絡があった時点で、ほぼ有罪は確定していると思うべきであり、下手な抵抗は刑事告発を招きかねず、妥当でない。

(3) マスコミ

多額のインサイダー取引や刑事告発になったインサイダー取引はマスコミの関心も高いが、日本社会においてインサイダー取引はまだまだ不良会社員の個人的不正との見方が強いためか、あまり大きく報道される傾向にない。

(4) 取引先

インサイダー取引の原因となった取引に関係する取引先については、相互の情報管理体制が問題になり得る。

すなわち、取引先との間では秘密保持契約を締結するのが通常であるが、インサイダー取引が行われたということは情報の漏えいを意味するので、場合によっては違約金を支払う事態となり得る。

したがって、そのような取引先に対しては、きちんと調査のうえ、報告することが必要である。

(5) 株主、一般市民

インサイダー取引は、一般株主保護のための制度であるから、他の不祥事事案と比べて、世間の反応が弱い代わりに、株主向け、市場向けの説明責任は高度なものが要求されると思うべきである。

2 対外広報のタイミング

証券取引等監視委員会の調査中は、秘密の保持が要求されるため、公

表することができない。

しかしながら、課徴金納付命令や、告発される段階に備え、公表の準備を整え、命令が下った時点もしくは刑事告発になった場合は告発がされた時点で、コメントを出す必要がある。

調査方針

1　調査チーム編成

インサイダー取引の調査は、情報がどのように管理されていたのかという調査である。

したがって、当該違反者のみならず、その情報に関わったすべての者が誰なのかを調査する必要があるため、作業量は多くなる。

また、内部取引であるので、調査の公正性が担保されるためには、外部専門家の協力が必要である。

この場合、専門性を有するのであれば、顧問先の弁護士や会計士を活用することは差し支えないと思われる。

2　調査により明らかにすべき事項

(1)　不正態様、手口

当該違反者が、どの時点で情報に接したかの特定は、会議資料、電子メールなど多量の資料解析とヒアリングで特定することになる。

また、当該違反者は個人名もしくは知人名で取引をしていることから、個人的な資料の提出は当該違反者の協力なくしてできない。

よって、早い段階で、取引履歴に関する資料の提出を求めるべきである。また、同様の取引をした者がいないことを確認するため、他の従業員についても、取引履歴の提出やヒアリング調査を行うことが必要な場合がある。

(2) 動機、背景

インサイダー取引の動機は、経済的欲求以外にはない。

問題は、そのような経済的欲求がなぜそのような形で生じたのか、背景を調査することが必要である。

インサイダー取引に手を出すような従業員は、そのほかにも、会社の金、人の金に手を付けていることがあり、調査を行うとほかにも不正（カラ出張、カラ経費、懇親会費の着服など）を行っていることがままある。

そのような不正を行っている従業員が男性の場合、愛人や隠し子など、スキャンダルがさらに控えていることが多く、調査すればするほど、会社にとっては不都合な情報が出てくることがあるので、どこまでが会社として知っておくべきことで、どこからが個人的領域の問題か、慎重に判断しながら調査を進めるべきである。

(3) 関与者の範囲

インサイダー事件が起きた際、当該従業員がほかにもやっていないか、またほかの従業員はやっていないかについても、当然に調査が要求される。

過去、監査法人でインサイダー取引が発生した際、当該監査法人では大々的な第三者委員会による調査が行われたが、これも、同様の状況にある者が同様の行為をしていないことの確認をしなければ、社会的な信用を回復できないとの考えがあったからにほかならない。よって、一企業においても、同様の情報に接した人間がインサイダー取引をしていないかのチェックをする必要がある。

(4) ガバナンスの状況

上場企業の役職者ともなれば、インサイダー取引が犯罪であることは知っているはずである。にもかかわらず手を出すというのは、上記のとおり、組織性のある不正というよりは、濡れ手に粟の利益を得たいという個人的利得欲求が強い類型だからである。

したがって、ガバナンスとして情報管理を徹底するだけでは不十分で

あり、一定の職位者以上の資産保有状況については会社に届け出ることを規則化するなど、厳しいガバナンスが必要である。

(5) 経営陣の関与の有無

インサイダー情報に経営陣が接しているのは当然であるが、当該違反者が当然には情報に接する立場でない場合は、経営陣からの漏えいも疑うべきである。

3 社外専門家への依頼タイミング

インサイダー取引は、内部の情報伝達ルートは比較的容易に確認できるが、他方で、ほかに関与者がいないかについては、社内の人間だけで調査すると、公正性に疑問が生じる。

よって、まずは当該違反者の調査を内部で行い、動機・背景で個人的領域が見えてきた段階で専門の弁護士に依頼して、不当な調査だと言われないように留意し、さらにフォレンジック技術（パソコンやサーバーなどの記録媒体などを分析し、その証拠を見つけ出す技術）などを駆使した他社の調査を専門家主導で行うのが妥当である。

再発防止策のポイント

1 リスク管理体制の問題

すでに述べたが、インサイダー取引は個人的不正の要素が強い。よって、一定の役職者以上については保有資産を会社に報告させたり、インサイダー取引が容易に発覚する時代になっていることなどを教育したりするなど、抑制と早期発見策を講じることが重要である。

2 リスク情報収集体制の問題

インサイダー取引の兆候を社内で把握することは困難である。

しかしながら、データ共有の際のセキュリティや紙媒体の管理など、情報が漏れる可能性のある穴はあるはずであり、そのような穴を見つけたときに組織内で共有する体制および情報管理を徹底するという社内風土を構築することにより、不正な利益を得ることに対する会社の厳しい姿勢を示すことが可能になる。

3　人員配置上の問題

インサイダー取引に、人事配置が問題となることは少ない。

4　意識啓蒙の問題

すでに述べたとおり、インサイダー取引の存在を周知するだけでなく、そのような取引に手を染めた人間がどのように転落するのかなど、より身につまされる内容での研修を実施することにより、目先の利益に目がくらまないよう、会社として意識啓蒙に努めるべきである。

5　システム上の問題

自社株取引についての届け出制をとっている会社は多いが、会社と取引関係にある会社の株取引について届け出制をとっている会社はまだ少ない。

日本では、いまだ株取引が個人のプライベートな問題であるとの認識が強いからであるが、一定の役職者になった場合、その立場は公人であるから、自社株の取引はもちろん、自社と取引のある先の株式を取得する際にも一定の配慮をすべきであるし、いわゆる「うっかりインサイダー」を防ぐ効果もあるので、積極的に、取引の届け出制を導入すべきであるし、可能ならば、家族名義の取引も届け出制を導入すべきである。

8 取引先の不祥事

【事　例】
　海外に工場をもつ取引先について、現地での児童労働疑惑が報道された。
　国際的な不買運動が起こり、同社から仕入れをしている当社に対しても、国際NPOから、不買をするよう要請する書面が来た。

初動対応

1　想定すべきステークホルダー

(1) 被害者

　取引先自身が起こした不正や不祥事については、取引先といえども、口を出すことは容易ではない。

　基本的には、当事者である取引先自身の対応を見守ることになり、自社へ何か影響がある場合には、そのかぎりにおいて、契約の解除や損害賠償請求したりするだけであり、取引先に代わって被害者に対し、何か対応をする義務はない。

　しかしながら、2011年、国連で採択された「ビジネスと人権に関する指導原則」の中に、「(a)　自らの活動を通じて人権に負の影響を引き起こしたり、助長することを回避し、そのような影響が生じた場合にはこれに対処する。(b)　たとえその影響を助長していない場合であっても、取引関係によって企業の事業、製品またはサービスと直接的につながっ

ている人権への負の影響を防止または軽減するように努める。（原則13）」との宣言が採択されるに至り、国際的には、サプライチェーンにおいても、人権侵害がないように配慮することを企業に求めるという機運が高まっており、事実、海外での児童労働や過酷な労働環境を行っている取引先に対する指導を求める例が出てきている。

特に、EUにおいては、企業自身に、環境に配慮している取引先としか取引しないように求めるNPOとの契約を行う企業も出てきており、今後の情勢としては、取引先のことは自社とは関係ないという態度自体が、世間の反感を買う可能性が出てきていることに留意すべきである。

(2) 当局（監督官庁、規制当局）

当局も、現時点では、取引先の問題について他社に当たらせるということを表立って要求することはない。

しかしながら、当該取引先の問題をホームページで公表したり、納品先についても公表するような行動をとることで、事実上、取引関係にある企業にも相応の対応の努力をするようプレッシャーをかけることは、合法的に可能である。

(3) マスコミ

上記のとおり、法制度上は別会社であり対応する法的義務がない問題であっても、マスコミの報道においては法的責任よりも社会的責任を重視した報道になることは避けられない。

たとえば、児童労働が発覚したような事件において、取引先としてどのように考えるのかコメントを求められたときに、「他社の問題は他社で」というような対応をしたことで、社会的な批判を浴びる可能性はある。

(4) 取引先

当該取引先との関係で、もしレピュテーションの問題を生じさせるような事態になった場合、一刻も早く契約を打ち切ったり、あるいは調査を行ったりなどの行動をとりたくなるが、取引基本契約上、かかる場合を想定した条項があるかどうかは、早期に確認すべきである。

そして、契約書上の手当がない場合は、いわゆる信頼関係破壊の法理など特殊な法理論を使った対応が必要になるため、早い段階で弁護士に相談すべきである。

(5) 株主、一般市民

当該取引先に対する不買運動に巻き込まれた場合、株価に影響するのはもちろん、関係のない商品についてまで誤った情報に基づいて不買となる可能性がある。

2 対外広報のタイミング

法の建前は、別の会社の出来事であるとしつつ、会社の使命として、当該現象を許さない姿勢であるということは、早い段階で表明しておき、延焼しないように留意すべきである。

調査方針

1 調査チーム編成

取引先を調査するためには、根拠と承諾が必要である。

したがって、後に、調査をしたことが不当干渉であり、契約違反であると言われないよう、早い段階でメンバーに弁護士を入れて、慎重に交渉すべきである。

2 調査により明らかにすべき事項

法的責任は、あくまで取引先である。したがって、自社内の問題についての調査を進めるべきであるから、当該取引先選定の経緯、契約関係の管理状況、契約履行状況の確認、当該問題発覚後の対応について調査し、公表に備える。

事例編

3　社外専門家への依頼タイミング

　顧問弁護士等から、法的に妥当な範囲だけ対応するというアドバイスがあった場合は、ただちに危機管理専門家にセカンドオピニオンを求めるべきである。

再発防止策のポイント

1　リスク管理体制の問題

　まず、取引基本契約において、違法行為やレピュテーションを低下させる行為があった場合の調査協力義務を入れておくことがリスク管理上重要である。
　問題は、そのような条項がない場合の調査であるが、取引停止をちらつかせて調査を受け入れさせるという手法が妥当であるかどうかという問題がある。
　独占禁止法（私的独占の禁止及び公正取引の確保に関する法律）では、優越的地位の利用を禁じており、義務なきことを押し付けることが禁じられているが、コンプライアンス徹底目的、被害者救済目的で行うプレッシャーについて、公正取引委員会が違法であると認定するとは考えにくい。
　したがって、調査を行う以上は十分な協力を求めるべきであり、拒むようであれば、訴訟覚悟で取引を停止するなど、筋の通った対応が必要となる。

2　リスク情報収集体制の問題

　取引先の状態についての情報収集は容易ではない。しかしながら、取引先に向けて、相談窓口、通報窓口を設置しておくという方法は有効な

情報収集策である。

　すなわち、自社の従業員による不正行為を抑制するために通報チャンネルを取引先に解放するというのが本来の趣旨であるが、そのようにチャンネルを開いておけば、取引先内で解消されない問題について通報することもできる。ここから察知できたことも実例としてあるので、大いに検討すべきである。

3　人員配置上の問題

　取引先の担当者を変えることは、相手にも嫌がられるため、ローテーション後も同じ担当者が対応することは、現実には多い。

　しかしながら、そこで緩やかな関係が形成され、適切な情報共有がなされなかった場合の責任は、相手ではなくこちらにあることになる。

　したがって、取引先との顔つなぎは引き続き同じ担当者がやるとしても、職制上のチェックはローテーションするなどの対応が必要である。

4　意識啓蒙の問題

　上記のような国際的な意識の変化は、すぐにわが国にも影響すると見るべきであり、国際取引をしている会社はもちろん、そうでない会社も、時代とともに世間の認識は動くということを教育し、取引先といえども自社の問題になり得ることを教育すべきである。

過去の不正事例

・ファーストリテーリング社の孫請け工場における労働環境問題

・ナイキ社委託先工場における児童労働問題

事 例 編

9 反社会的勢力との取引

【事　例】
　新規の取引先を獲得し、1年ほど継続して取引をしてきたが、対応が悪いため、取引関係の更新をしないことを通知したところ、突如、暴力的な言動をし始めた。
　すぐに警察に相談したところ、実質的なオーナーが反社会的勢力（以下「反社」という）として認識されていることが判明した。
　そこで、反社会的勢力排除条項（以下「反社条項」という）に基づいて取引の解除を申し入れたところ、「そっちがそう出るなら、世間に、反社との取引を継続してきた会社だと公表してやる」などと言い始めた。

初動対応

1　想定すべきステークホルダー

(1)　被害者

　反社取引の被害者は、自社の従業員である。
　すなわち、仕事とはいえ、身体の危険を感じるような相手との交渉をさせられたりすることになった従業員こそ、被害者である。
　よって、幹部が対応から逃げて従業員に任せっぱなしにすると、従業員は自分の身を護るために、反社の言いなりになることが想定される。
　他方、反社と幹部との板挟みになった従業員が精神を病んでしまった例もあり、そのような場合は、会社はさらに労災問題を抱え込むことに

なる。
(2) 当局（監督官庁、規制当局）

反社対応といえば、警察や暴力追放運動推進センターが思い浮かぶが、これも各地域によって対応がまちまちであり、会社が任意に照会して回答してくれるところもあれば、弁護士を通じないと対応しないという地域もあるので、早い段階で民暴（民事介入暴力）対策に詳しい弁護士に相談すべきである。

また、最近は、銀行や大企業に対する監督官庁からの反社排除の圧力が強くなっているため、当該取引先が反社でなくとも、その取引業者が反社の場合、銀行取引の停止や大企業との取引停止なども発生し得る。よって、速やかな調査とともに、関係遮断の行動をとり、関係各所への説明を行うことが必要である。

さらに、上場企業の場合、自主規制法人からの指摘もあると思うべきであり、そのために関係性を検証するための第三者委員会を設立するなど、ホワイト化をアピールした対応が必要となる。

(3) マスコミ

故意過失を問わず、反社取引を理由に大々的に報道されると、ほとんどの場合、企業イメージは地に落ちてしまい、看板のかけ直しを余儀なくされる。

現在、インターネットでは、一度報道されるとニュース記事が残り続けるという現象があるが、反社チェックの際にインターネット検索をすることが常識となっていることから、反社取引を疑われる報道が出ることは、半永久的に、このネット検索にひっかかり続けることを意味することになる。

(4) 取引先

上記のとおり、反社条項を重視している企業は増えていることから、当該条項に違反するのか違反しないのかの見極めを行い、すぐに説明のため訪問するなどの対応が必要になる。

事例編

(5) 株主、一般市民

一般市民にとって、反社のイメージは致命的である。

よって、上記の第三者委員会などによるホワイト化はもちろん、会社自身の関与の有無についての説明責任を果たすための社告やホームページでの意見表明は必須である。

2 対外広報のタイミング

報道前に行動することはタブーである。

しかしながら、事例のように、公表を逆手に相手から脅しを受けるような場合は、先に公表して先手を打つことが重要である。

もし、後手に回ると、言い訳がましいという印象を受けるし、反社の思うままとなってしまう。

調査方針

1 調査チーム編成

民暴に詳しい弁護士の手助けは必須である。また、社内だけでの調査行為は、対外的には保身と映るので、社外の専門家を入れた調査をするのが必須である。

2 調査により明らかにすべき事項

まず、なぜ反社だとわからなかったのか、取引開始時点でのチェック体制を調査することになる。

また、取引途中における管理体制や問題をこじらせることになる状況など、反社特有の対応がなかったかも、調査することになる。

3　社外専門家への依頼タイミング

反社の疑いが生じた時点である。

トラブルが深刻化してからでは、選択肢が少なく、専門家といえどもできることは少なくなると思うべきである。

再発防止策のポイント

1　リスク管理体制の問題

一般に、反社チェックとして行われているのは、インターネット、調査会社への照会などであるが、実際に本社所在地まで行って確認する体制をとるべきである。

本社の入っているビルすら見たことがないのに、反社チェックをしたというのは不十分である。

実際、過去の例を見ても、当該本社の入っているビルを2時間ほど観察するだけで、出入りしている人間の風体、車種、他のテナントの性質など、反社のにおいを感じとることができるはずである。

取引の多い会社が、反社チェックにかけられる時間はなかなか少ないが、少なくとも新規の取引先については、現地調査を行うなどの慎重さが要求されている。

2　リスク情報収集体制の問題

少しでも怪しいと感じたら、早い段階で関係を切るに越したことはない。

しかし、実際には、勝手にいいように解釈して問題を先送りしてしまった結果、抜き差しならぬ取引関係にまで進行してしまい、関係性解消に相当のコストがかかる場合があり得るので、社員に対しては、反社と

感じる感性をもって、少しでもおかしいと思ったら情報共有することを奨励すべきである。

3　人員配置上の問題

最近の反社は巧妙な手口で近寄ってくるので、注意をしていないと気づくのは容易ではない。ただ、数人の目で見れば気づくポイントも増えるので、反社チェックについては、特定の従業員だけではなく、複数部署・複数人で行うことが理想である。

4　意識啓蒙の問題

反社との取引は、取引開始時点でのコストよりも、断絶コストのほうが圧倒的に高いことを周知すべきである。

また、もし怪しいと感じたときには、会社として必ずバックアップするということを強調すべきであり、民暴に詳しい弁護士による研修や相談窓口を設けるなど、従業員に反社はそうとわからない顔をしてやってくるということを理解させつつ、常に注意を払う意識の重要性を教育すべきである。

5　システム上の問題

反社チェックの方法について、新規と継続先とで差を設けることは妥当であるが、一度取引を開始した後にもチェックをしている企業は少ない。自社で困難であれば、反社情報に強いコンサルタントもいるので、自社の性質に応じた調査を依頼することをシステム化することも有効である。

10 情報漏えい

【事　例】
　自社のサーバーが外部攻撃によりダウンし、一時、セキュリティが無効となった。
　その間、1万人分の顧客の、クレジットカード番号が流出した。

初動対応

1　想定すべきステークホルダー

(1)　被害者

　被害者とは、流出してしまった情報によってプライバシー等を侵害されることになった人である。

　このように書くと、当たり前ではないかと思われるかもしれないが、事例のように、自社の過失ではなく外部からの攻撃や、あるいは故意をもった自社従業員による持ち出しなどの事例において、自社が被害者であるかのような錯覚をもってしまうことが起こっている。

　確かに、攻撃をした主体や故意に流出させた主体との関係では、会社は被害者的地位にあるが、流出されてしまった個人らにとっては、会社は被害者でもなんでもなく、むしろ甘いセキュリティ体制をとっていたということで、加害者側に位置付けられることを忘れてはならない。

　したがって、原因はともかく、流出させた責任は無過失責任に近いものがあると考えて対応を検討する必要がある。

この点、法的にいえば、自社に過失がなかった場合は賠償責任を負わないが、他方で、当該情報を収集・活用することで利益を上げている以上、当該情報に関連して損害が生じた場合は、その損害も負担すべきというのが、現代的水準として要求されている。

これを、「損益帰属の一致」という。利益の帰属するところ、損失も帰属すべしという考え方であり、一般的には使用者責任（民法715条）の法的背景として知られている考えであるが、近時は、使用者責任の場面のみならず、企業が業務上利用して利益を得ている、または営業しているものに関して損害が発生した場合に、その補償をすべしという考えとして定着しつつある。

このような観点からいえば、預かっている情報で営業をしている企業から情報が流出した場合、第1次的に企業がその損失についても負担すべきなのである。

もっとも、企業に攻撃をしたり故意に流出させた者が特定できた場合、企業はその負担した損失をその者に求償することが可能であるが、そのことと、企業の立ち位置とは別問題であることを十分認識しておく必要がある。

過去、情報漏えい事件をはじめ、一見自社に責任がない場合に、本当の被害者がいるにもかかわらず、自社が被害者であるとの印象をもたれる会見・コメントをしたために、経営陣が辞任に追い込まれた事例がある。

(2) 当局（監督官庁、規制当局）

各業界ごとに監督官庁がガイドラインを制定しており、多くの場合、個人情報漏えいが起きた場合に、監督官庁への届け出を義務付けている。

監督官庁への届け出により、自動的にマスコミの知れるところとなるが、これは漏えいした情報が悪用されることを防ぐためにやむを得ない措置であるから、次項のマスコミ対応とセットで、速やかに監督官庁への届け出を行い、情報の拡散を防止すべきである。

(3) マスコミ

　個人情報漏えいが発生した場合、漏えいした個人への連絡は当然であるが、これが拡散することで知らずに利用してしまう可能性もあるので、漏えいの事実についてはホームページで告知することが一般である。

　さらには、クレジットカード番号のように、悪用による2次被害が想定される場合は、マスコミに情報を提供して報道をしてもらい、漏えいした情報が使われないように注意喚起をすることが必要である。

　もっとも、流出した情報のプライバシー性の高さによっては、マスコミへの情報提供までは必要なく、ホームページ上の告知だけで足りることもあるが、このあたりはケースバイケースであるから、漏えい問題に詳しい弁護士や危機管理コンサルタントの意見を徴して行動すべきである。

(4) 取引先

　取引先については、当該取引先の情報が漏えいした場合でないかぎり、個別の通知は不要である。

　よって、一般的な広報によって足りるが、取引先によっては、会社の機密保持環境について不安をもつ会社もあるので、そのような先については、個別の説明を実施し、取引関係における秘密保持に影響はないことを説明することが必要になる。

(5) 株主、一般市民

　個人情報漏えいを起こした会社に対しては、自分の情報を預けたくないと考えるのが通常であり、漏えいしなかった個人からの個人情報削除要求や契約の解除などが相次ぐことが予想される。

2　対外広報のタイミング

　個人情報漏えいの対外発表には、以下の段階がある。

①　当該漏えい当事者への通知

　住所がわかっている場合は書面、メールアドレスしか知らない場合は

事例編

メールで対応することになるが、2次被害の可能性があるため、漏えいが発覚してから3日以内には実施することが必要である。

② 監督官庁への報告
③ 自社ホームページ上での告知
④ マスコミへの告知

漏えいした内容によって、これらの組み合わせや、順次実施を行うが、最近は、①だけで対応しようとしても、個人宛に通知したことがネット上で拡散し、マスコミが知れるところになることが散見される。

よって、基本的には、①から③までは標準で実施することとし、④については必要性を考慮して実施する、というのが基本スタンスであると思われる。

調査方針

1 調査チーム編成

情報漏えいルートの特定は、社内チームのほうが適している。

しかしながら、パソコンを経由したような漏えいの場合は、フォレンジック技術が必要であるので、フォレンジックの専門家の手助けを得て実施することが適切な場合がある。

2 調査により明らかにすべき事項

(1) 不正態様、手口

漏えいされてしまった情報の当事者にとっては、自分の情報がどのように漏えいしたのか、極めて関心が高い。

このあたりについては、漏えいした場合の処理について、独立行政法人 情報処理推進機構がガイドラインを出しているので(独立行政法人情報処理推進機構セキュリティセンター「情報漏えい発生時の対応ポイ

ント集」2012年9月3日第3版)、こちらを参照して対応すべきである。

(2) 動機、背景

情報漏えいの原因が何かの特定は、今後、情報の取り扱いが適切に行えるかに関係している重要な点である。

もし、情報漏えいルートが特定できない場合は、取り急ぎ、業務をシャットダウンしてでも、外部との接続を断って原因を調査する体制が必要となる。

多くの企業がそれなりにコストをかけて管理をしているが、それでも漏えいする事例が後を絶たないのは、結局はヒューマンエラーに原因がある。

たとえば、アクセス権限を人事異動ごとに切り替えなければならないのを、これを放置したままになっていたというように、システムとしてはアクセス権限管理ができるのに、ヒューマンエラーがこれを無にしているのである。

よって、動機、背景の解明においては、ヒューマンエラーが必ず潜んでいるので、調査としては十分に解明すべきである。

(3) 関与者の範囲

情報漏えい行為者を特定できれば問題ないが、特定に至らない場合、当該情報にアクセスした人間を特定するとともに、これらの者から情報を遮断することが必要である。

このような対応をすると、正当に業務を行っている者が犯人扱いを受けることになるが、重要なのはこれ以上の漏えいを生じさせないことであり、ここで安易に漏えいの疑いのある者を含んだ集団に業務を継続させて、情報漏えいを発生させたら、会社全体の業務を停止せざるを得ない状況になる。

(4) ガバナンスの状況

情報の取り扱いについての規定を設けている企業は多いが、実際には、面倒くさい、手間を省きたい、業務効率が落ちるなどの現場の理論

事 例 編

に劣後してしまい、会社のルールが現場で捻じ曲げて運用されている例が散見される。

情報の取り扱いを慎重にするための措置は、多くの場合、業務効率を犠牲にする。

業務効率を犠牲にしてでも、情報漏えいを起こしてはならないというポリシーをもっているのであれば、業務効率が落ちることをおそれてはならない。

しかしながら、他方で、経営陣自身が情報漏えいの怖さを忘れてしまい、従業員に効率ばかりを求める結果、板挟みになった従業員が手順を無視するという現象が生じている。

これらは一見、従業員のサボタージュであるように見えるが、業務効率を何よりも優先する施策やガバナンスの状況が原因となって手順が守られなくなったのであり、その責任は経営側にある。

(5) 経営陣の関与の有無

経営陣が、自社の情報管理状況について十分把握できている企業は多くない。

むしろ、多額の保守費用を支払っているという事実だけをもって、自社の情報管理は万全であるとの思い込みが生じており、これが原因で漏えい事件も発生している。

いったん費用をかけて構築したシステムも、人が変わり環境が変われば穴ができるのが通例であるから、継続的な注意喚起と点検が必要である。

3 社外専門家への依頼タイミング

社内調査によって、おおむね情報漏えいルートが特定できた場合は、ほかに漏えいがないかの確認のためにフォレンジックの専門家に依頼するのが妥当だが、どこから漏えいしたのかわからない場合は、早期にフォレンジックの専門家による解析を求めるべきである。

再発防止策のポイント

1　リスク管理体制の問題

　上記のとおり、社内ルールが現場で異なった運用をされていることが一番のリスクである。

　現場としては、業務効率のために手順を飛ばしている程度にしか思っていないことが多いので、日ごろの情報システム監査により、手順違反がないかを監査することが必要である。

2　リスク情報収集体制の問題

　上記監査とも関連するが、現場でのルールの使いづらさが、現場以外に発覚することはあまりない。

　そのため、情報漏えい防止のための施策が現場でも機能しているかの監査と組み合わせて、定期的に管理部門が現場を訪問し、運用しづらいルールの有無について、意見交換の場をもつことが有効である。

　すなわち、単に違反を指摘するだけでは不正が隠れてしまうだけであるから、運用しづらいならば、運用が悪いのかルールが悪いのかについて、現場の意見を吸い上げる努力が必要である。

　そして、意見を徴して、それでもルールに合理性があるのであれば、業務効率が落ちてでもルールを優先することについて、経営から明言してもらい、現場がルールと経営の本音の間で板挟みにならないよう、配慮することが必要である。

3　人員配置上の問題

　通常、人事ローテーションは不正を防止するための施策として有効な場合が多いが、情報漏えい対策においては、むしろリスクスポットにな

事例編

り得るという特殊性がある。

　すなわち、人事ローテーションごとにアクセス権限の変更をしたり、あるいは人事異動後の地位に沿った情報管理が要求されるところ、ここにヒューマンエラーに基づく穴が空く余地を生んでしまうのである。

　したがって、人事ローテーションそのものがリスクスポットを生む可能性があるということを認識し、段階を踏んだ権限変更や異動後に穴がないかのチェックを行うなど、フォローをしないと、変更が追いつく前に次の人事異動が発生し、管理不能な状態に陥ってしまうことに留意が必要である。

4　意識啓蒙の問題

　上記のとおり、情報システムの安全性を向上させることは、業務の効率性を下げる場合が多い。したがって、自社から情報漏えいを出さないための意識啓蒙のために重要なのは、経営陣が腹をくくることである。

　これは不正会計や偽装の問題同様、売り上げや利益・業務効率といった対局の利益との均衡の問題であり、経営者が何も指示しなければ、これらの利益を優先しようとするのが、通常の会社である。

　したがって、「売り上げや利益・効率よりも優先すべきものがある」というメッセージを「発信しなかったこと」が経営の責任といえる。

　経営が本音と建前を使い分けていると従業員はどこに本音があるかを察知し、それに沿う情報しか上げなくなる。

　経営が本気になって、コンプライアンスを優先することを明言し、人事評価や事業部評価にもこれを反映させる仕組みをつくらないかぎり、隠れたマニュアル軽視はなくならない。

5　システム上の問題

　情報漏えいは、システムによって起きるのではなく、システムを運用する人間によって引き起こされるものである。

　一度、費用と手間をかけてつくり上げたシステムに穴があるとは誰も

思いたくないが、時間の経過による人の移動や環境の変化により、見えなかった穴が見えるようになったり、新たな穴が空くのがシステムであり、保守点検を怠った人間側のエラーである。

したがって、純粋なシステムの点検は当然であるが、これまでに述べたようなヒューマンエラーの発生の有無もあわせたシステム監査をしないと、穴を見過ごしてしまう。

過去の不正事例

ベネッセホールディングス・情報漏えい事件

(2014年9月25日調査委員会報告)

同事例は、本文で触れたようなセキュリティ上の穴を、システムへの過信から見逃してしまったことが原因とされており、どのような高度なシステムを構築しても、健全な懐疑心に基づくシステムの点検と、課題の検討の必要性があることを学ぶことができる事案である。

事例編

11 従業員個人の不祥事
（業務内）

【事 例】
　現場において、従業員や下請けに対する指揮命令権を有する所長が、リベートを条件に、下請けに対し水増し請求をさせているとの情報を得た。
　当該所長は、作業納期管理・予算管理においてすぐれており、会社においては優秀な人材として重宝されてきただけに、経営幹部としてもにわかには信じられないという反応であった。
　実際にリベートを渡したと申告してきた下請けからヒアリングをしたが、詳細を供述するには、過去、水増し請求したことについて、免責してほしいという引換条件を出してきている。

初動対応

1　想定すべきステークホルダー

(1)　被害者

　事例の場合、経済的な損失を被っているのは会社であるが、それよりも発注権限を背景としたリベート要求に屈している取引先も被害者として分類すべきである。

　もちろん、法的には、動機はともかく、会社に対し水増し請求をしているのであるから、経済的損失はないし、どちらかといえば、横領、詐欺の共犯者である。

しかしながら、このような事案は取引先からもちかけることは少なく、発注者の側からもちかけることが多いため、断ると取引を切られるとの思いから応じる場合が多い。

そうすると、経済的な意味ではなく、違法行為の片棒を担がされたという面からいえば、被害者として位置付ける認識が妥当である。

なお、水増し請求分についての返還請求はできるが、逆に取引先が支払ったリベートについては、自社従業員の不法行為に基づく損害として、会社に賠償責任がある（使用者責任）。

(2) 当局（監督官庁、規制当局）

当該従業員の違法行為の手法において、業法に違反しているような場合（たとえば、品質未達の物を既達として取り扱い、便宜を図るなど）を除き、監督官庁への申告は必要ではない。

悩ましいのは、警察への申告である。多くの企業では、不正行為を行った従業員がいてもただちに警察沙汰にするという意思決定はせず、まずは被害の回復や本人の反省を確認し、労働法上の処分にて決着することを目指すはずである。

しかしながら、被害金額が大きく開示に相当する場合や、手法において開示基準に抵触するなど、事態を会社として開示せざるを得ない場合、完全に否認しており、今後、ほかの従業員による同種行為を抑止するためには厳罰を選択すべきという場合などは、刑事告訴を検討する必要がある。

なお、刑事告訴をする場合、当該従業員の行為の犯罪該当性の判断や必要な証拠の確保については、元検察官の弁護士や警察官出身の顧問などの判断を仰いでおくと、手続がスムーズである。

筆者の経験では、刑事手続に精通していない弁護士からの告訴状は受理できる代物でなく、1年・2年と放置されるような事態になることがままある。

(3) マスコミ

ここも、刑事告訴と同様に、開示基準との平仄を合わせるのが通常で

ある。

　たとえば、巨額横領事件が発生し、当該従業員による弁済が絶望的な場合、経営陣が経営責任として、報酬の何％かを数か月返上するという「パフォーマンス」が必要な場合があり、このような場合は積極的にマスコミに告知することになる。

(4) 取引先

　事案に関連する取引先でないかぎり、告知の必要はない。

　しかしながら、当該従業員の余罪、あるいはほかの同様の立場にある従業員の身体検査のために、取引先に対し一斉アンケートを実施する場合がある。

　すなわち、各取引先に対し、「弊社従業員から不当な要求を行った事例が発生しました。厳重な処分を行うとともに、他の皆様にもお訊ねする次第です」というスタンスで広く情報を収集する。

　アンケート手法の詳細は割愛するが、ここでも、会社に対しては申告しづらいという実情に配慮し、調査を外部弁護士に一任し、弁護士の守秘義務のもと、申告した取引先に不当な取り扱いをしないという保証を組み合わせて実施するなど、工夫を凝らしたアンケートを実施する。

(5) 株主、一般市民

　ここも、マスコミ対応同様に、まずは自社内で処分を検討し、開示基準に抵触しない場合は、投資家をはじめとする一般ステークホルダーには開示しないのが通例である。

2　対外広報のタイミング

　上記の検討を行い、もし、対外広報する場合は、適時開示にも該当する場合であるので、そのタイミングは適時開示基準に準じることになる。

11 従業員個人の不祥事（業務内）

調査方針

1 調査チーム編成

　本事例では、特定個人の不正であるので、内部統制担当、法務担当の部署が調査をすることになる。

　内部の調査で陥りがちなのは、いきなり、嫌疑者へのヒアリングをしてしまうことである。十分な証拠確保をすることなく、いきなりヒアリングをすると、必要な証拠がすべて隠滅されるリスクがある。

　基本的に性善説で運用するのが企業であるが、不正の疑いが生じた場合、性悪説に沿った想定をしないと、疑惑を晴らすことも確定することもできず、中途半端に事態が収拾できないという最悪の結果を招く。

2 調査により明らかにすべき事項

(1) 不正態様、手口

　リベートを条件とした水増し請求という事案の場合、当該請求を起こした疑いのある取引とは、「形の残らない取引」である。

　たとえば、機械の調整・修理、弁当の発注、清掃業務といった、「後になってから、本当に実在したのかどうかを確認するのが困難」という業務をねらって水増し・架空請求は発生するので、当該担当者の発注した業務の中で、これら疑わしい取引から調査を着手する。

　また、相見積をとることを要求している会社においては、発注者が特定の業者に受注させるために他者の見積もりを横流しすることがよく行われる。

　見積もりの提出についてはまずはデータでの提出を行うことが多いが、メールでの送信が一般的であるから、メールデータを精査して、それぞれの見積もりを取得した時期と内容の関連性を時系列で並べてみる

と、不自然なやりとりが発見できることがある。

　リベートについては、現金でやりとりすることがほとんどであるため、直接の証拠を得ることは困難であるが、他方で多額の現金をひそかに管理するのも困難である（往々にして、このような嫌疑者は、家庭に対する秘密も抱えていることが多く、家庭内でのタンス預金や家族も知る預金口座への入金ができない場合が多い）。

　よって、取引業者にプールさせておき、必要なときに必要な支払を取引業者にさせることが多く、そうすると、証拠が取引業者側に残ることになり、これが決定的な証拠となることもある。

　なお、銀行の取引履歴は、捜査当局しか入手できない。

(2) 動機、背景

　会社の金に手を付けるタイプは、金銭に困窮しているタイプと、待遇に不満をもっているタイプに大別できる。

　前者については、ギャンブルや投資の失敗による借金があり、已むなく実施するパターンであるが、これらのタイプは已むに已まれず追い込まれてから行うため、着服の手口が単純であり、発覚も容易であることが多い。そのため、通常の現金監査をはじめとする監査を正当に行っていれば、早い段階で発覚する。

　問題は、後者のように、目先の金に困ってはいないが、自分の待遇に不満をもっており、もっと利益を得てもいいはずだと勘違いしているタイプである。「役得」という言葉を真に受けているのも後者のタイプである。

　このタイプは、現在の自分の地位を失うことは避けるため、極めて慎重で計画的に不正を敢行する傾向にあるため、通常の監査では発覚しづらいという特徴がある。

　また、このタイプは、まずは経費精算などの少額の不正から手を染め、会社が発見できないことを確認しながら、自分への監視の程度を確認しつつ、徐々に大胆な手口に手を染める。小さい不正を発見できるような管理が、このようなタイプには最も効果的である。

(3) 関与者の範囲

関与者の範囲の見極めは、相当この種の事案に熟練した者にとっても難しい作業の1つである。

筆者の経験に照らしても、当初は、不正行為者は1人だけであり、その下の部下らがいやいや手伝わされていたが、そのうち、いやいや手伝っていたはずの部下自身も甘い汁を吸いたくなり、上司の知らないところで独自に同様の行為を行っていた、などの事案に遭遇することがある。

したがって、調査の最初の段階で、関係者を絞り込みすぎると重要な事実を見逃すことになるため、なるべく広めに可能性を設定した調査が必要である。

(4) ガバナンスの状況

「信頼と無関心の混同」。巨額不正事件を起こした従業員に対するガバナンスを評価すると、この言葉がふさわしいと感じる場合が多い。

すなわち、巧妙な不正を思いつく人間は、それなりに仕事もできる人間であることが多く、上司への報告がうまい、人当たりがいいなど、上司からの評価が高い場合が意外に多い。

そうすると、上司としては、できのいい部下の監視に労力を割かずに、できの悪い部下への監督指導に労力を回したくなり、それが行きすぎて、事実上決裁がない状態になってしまうのである。

いかに信頼に値する部下であろうとも、信頼しすぎると無関心となり、当該部下に悪心を起こさせてしまうのである。

そのような上司に限って、「信頼を裏切られた」などと被害者ぶってみせるのだが、ガバナンスとして果たすべき役割を怠っていたこと自体が、事件の遠因となっているのである。

(5) 経営陣の関与の有無

従業員の個人不正に、経営陣が関わっていることはあまりない。

しかしながら、公私混同の言動や、少々問題のある行動をしても業績さえ上げればうるさく言われないといった風潮を経営陣がつくり出して

いる会社では、部下も同様の思想を是とし、役得は当然だ、自分はもっと好待遇を受けるべきといった考えをもつようになる。

3　社外専門家への依頼タイミング

　従業員の現金着服など、比較的社内で完結するタイプの不正は社内での調査で事足りるが、事例のように、社外に協力者がいる場合や、社内の調査では十分な証拠が得られていない状況においては、早い段階で専門家に調査をゆだねるべきである。

　不正調査の専門家とは、不正を行う人間の心理を読むプロであるから、どのように攻めれば陥落するか、どこで馬脚を露すかなどについて、社内の人間では思いつかないアイデアをもっているものである。

再発防止策のポイント

1　リスク管理体制の問題

　前述の「⑵　動機、背景」でも触れたが、小さな不正を発見できるガバナンスが、最大の特効薬である。

　たとえば、旅費の精算は事前申請が原則なのに、事実上事後承認が通例になっている会社では、不正発生リスクがあるといえるし、領収書を紛失した場合に上申書で代えることができる会社は、他者の領収書を流用する人間を生む。

　小さな不正を発見するためのコストをかけることは、一見、不正金額よりも多いため、経営者からは「1万円の不正を発見するのに、2万円かけていては意味がない」などといった発言が出ることがある。

　しかし、「不正は進化、成長する性質がある」ということを見落とした見解といわざるを得ない。

　なかなか人は目に見える数字しか理解できないため、不正が発生しな

いで済んでいることへの評価がしづらいものである。

2　リスク情報収集体制の問題

　事例のように、取引先を巻き込んだ不正の場合、一通りの資料が整っているため、一見、発覚しづらく、情報も収集しづらいものである。

　そのため、取引先に対しても、日ごろから通報窓口を開放し、不当な要求があった場合にはきちんと会社が対応することを約束して、情報を収集することが必要である。

　また、レアケースではあるものの実際に発生した事案として、当初は発注者側から不正をもちかけたが、途中で力関係が逆転し、「会社に不正をばらされたくなかったら、水増し請求させろ」などと、恐喝まがいの言動に出る取引先がいた事案がある。

　この事案では、取引先が、不正を働いた弱みにつけ込んで従業員にたかっている事案であり、早い段階で救済すべきであるが、本人が自己申告することを期待するのはかなり難しい。

　この手の類型は、公務員の不正で散見されている。

　早い段階で役所に不正を告白していれば、失職までは免れたものを、脅迫に屈して不正を継続したため、発覚した時には救いようのない状態になるのである。

　筆者は、公務員向けの倫理研修でこの種の実例を出し、不正をしたつもりが被害者に転じ、被害申告もできない状態の怖さを説いているが、一般企業においても同様の現象が生じ得る。

　そのため、自己申告した場合は処分を優遇するといった減免制度を設けるなどして、本人からの情報を得ることも、検討に値する。

3　人員配置上の問題

　この種の不正を防ぐには、人事ローテーションが最も機能する。

　しかし、単に同じ部署で昇進させるような人事異動の場合、取引先から見れば担当者が単に偉くなっただけであり、隷属関係がより強固にな

ることを意味する。

したがって、この種の不正を防ぐための人事ローテーションには、同じ部署での昇進は含まれないとしてとらえるべきである。

実際に筆者が経験した例では、係長から副部長に昇進した際、特定の取引先については副部長が引き続き直轄するという現象が発生し、リベートが発生し続けたという事案がある。

一見、おかしいように見えるが、当事者にしてみると、そのほうがスムーズだからというだけの理由で、案外、問題視されないものである。

4　意識啓蒙の問題

着服や背任がだめだ、ということは言われなくてもわかっていることである。

それでも、不正に手を染める人間がいるのは、人間という存在が「弱い」からである。

1人ひとりは、よき夫、よき父親、よき上司であるのに、誘惑に屈するときには極めて意志が弱くなっているのである。

皆、自分だけは大丈夫だと思っている人間ばかりであり、自社内で事件が発生しても、他人事としてしか認識しないのが通常である。

よって、意識啓蒙のためには、人はいつでも弱ってしまう存在であるということを理解させるための教育プログラムが必要である。

具体的には、本事例のような学習用事例を作成し、部署ごとに事例検討させ、どこがまずかったのか、どこなら引き返せたのかなどを議論しながら、不正に手を染めることの影響の大きさとともに、勇気をもって引き返すことの重要性を学ばせるプログラムが有効である。

5　システム上の問題

不正かどうかはともかく、「決裁逃れ」のために行われる請求書の細分化というテクニックがある。たとえば、1000万円以上が部長決裁だとしたら、1000万円に満たない金額での請求書となるように分割して、

決裁を回避するという手法である。

　このような決裁回避は、不正の手段としても使われることがあるので、不自然に決裁権限未満となっている案件がないか、システムでチェックをすることは有効であろう。

資　料

決算短信・四半期決算短信作成要領等（抜粋）（2015年3月版）

東京証券取引所

⑵ **決算短信等の開示に関する要請事項**

　上場会社の決算に関する情報は、投資者の投資判断の基礎となる最も重要な会社情報であることを踏まえて、東証では、上場規程に基づく最低限の開示義務に加え、以下のような要請を上場会社に対して行っています。
① 決算発表の早期化の要請
〔決算短信の開示時期について〕
- ⑴のとおり、上場会社は、決算の内容が定まったときに、直ちにその内容を開示することが義務付けられていますが、投資者の投資判断に与える影響の重要性を踏まえますと、上場会社においては決算期末の経過後速やかに決算の内容のとりまとめを行うことが望まれます。
- とりわけ、事業年度又は連結会計年度に係る決算については、遅くとも決算期末後45日（45日目が休日である場合は、翌営業日）以内に内容のとりまとめを行い、その開示を行うことが適当であり、決算期末後30日以内（期末が月末である場合は、翌月内）の開示が、より望ましいものと考えられます（当然ながら、個別の事情等により、これらの日程では決算の内容を適切かつ十分に開示することができない場合も想定されるところです。上場会社におかれては、開示される決算の内容の正確性・信頼性を欠くことのないようご留意ください。）。
- 上場会社各社におかれては、決算の内容の早期開示に向けて、決算に関する社内体制の整備及び充実並びに財務諸表監査を行う公認会計士又は監査法人との緊密な連携の確保にお努めいただくようお願いいたしま

資　　料

す。
- なお、事業年度又は連結会計年度に係る決算の内容の開示時期が、決算期末後50日（50日目が休日である場合は、その翌営業日）を超えることとなった場合には、決算の内容の開示後遅滞なく、その理由（開示時期が決算期末後50日を超えることとなった事情）及び翌事業年度又は翌連結会計年度以降における決算の内容の開示時期に係る見込み又は計画について開示してください。

「上場会社における不祥事対応のプリンシプル」の策定について

2016年2月24日
日本取引所自主規制法人

1 趣旨

　上場会社には、株主をはじめ、顧客、取引先、従業員、地域社会など多様なステークホルダーが存在します。このため、上場会社の不祥事（重大な法令違反その他の不正・不適切な行為等）は、その影響が多方面にわたり、当該上場会社の企業価値の毀損はもちろんのこと、資本市場全体の信頼性にも影響を及ぼしかねません。したがって、上場会社においては、パブリックカンパニーとしての自覚を持ち、自社（グループ会社を含む）に関わる不祥事又はその疑いを察知した場合は、速やかにその事実関係や原因を徹底して解明し、その結果に基づいて確かな再発防止を図る必要があります。上場会社は、このような自浄作用を発揮することで、ステークホルダーの信頼を回復するとともに、企業価値の再生を確かなものとすることが強く求められていると言えます。

　しかし、上場会社における不祥事対応の中には、一部に、原因究明や再発防止策が不十分であるケース、調査体制に十分な客観性や中立性が備わっていないケース、情報開示が迅速かつ的確に行われていないケースなども見受けられます。

　このような認識の下、日本取引所自主規制法人として、不祥事に直面した上場会社に強く期待される対応や行動に関する原則（プリンシプル）を策定しました。このプリンシプルが、問題に直面した上場会社の速やかな信頼回復と確かな企業価値の再生に資することを期待するものです。

　本プリンシプルの各原則は、従来からの上場会社の不祥事対応に概ね共通する視点をベースに、最近の事例も参考にしながら整理したものです。本来、不祥事への具体的な対応は各社の実情や不祥事の内容に即して行われるもので、すべての事案に関して一律の基準（ルール・ベース）によって規律

することには馴染まないと言えます。他方、それらの対応策の根底にあるべき共通の行動原則があらかじめ明示されていることは、各上場会社がそれを個別の判断の拠り所とできるため、有益と考えられます。

なお、本プリンシプルは、法令や取引所規則等のルールとは異なり、上場会社を一律に拘束するものではありません。したがって、仮に本プリンシプルの充足度が低い場合であっても、規則上の根拠なしに上場会社に対する措置等が行われることはありません。

2　上場会社における不祥事対応のプリンシプル

上場会社における不祥事対応のプリンシプル

～確かな企業価値の再生のために～

企業活動において自社（グループ会社を含む）に関わる不祥事又はその疑義が把握された場合には、当該企業は、必要十分な調査により事実関係や原因を解明し、その結果をもとに再発防止を図ることを通じて、自浄作用を発揮する必要がある。その際、上場会社においては、速やかにステークホルダーからの信頼回復を図りつつ、確かな企業価値の再生に資するよう、本プリンシプルの考え方をもとに行動・対処することが期待される。

① **不祥事の根本的な原因の解明**

不祥事の原因究明に当たっては、必要十分な調査範囲を設定の上、表面的な現象や因果関係の列挙にとどまることなく、その背景等を明らかにしつつ事実認定を確実に行い、根本的な原因を解明するよう努める。

そのために、必要十分な調査が尽くされるよう、最適な調査体制を構築するとともに、社内体制についても適切な調査環境の整備に努める。その際、独立役員を含め適格な者が率先して自浄作用の発揮に努める。

② **第三者委員会を設置する場合における独立性・中立性・専門性の確保**

内部統制の有効性や経営陣の信頼性に相当の疑義が生じている場合、当該企業の企業価値の毀損度合いが大きい場合、複雑な事案あるいは社会的影響が重大な事案である場合などには、調査の客観性・中立性・専門性を確保するため、第三者委員会の設置が有力な選択肢となる。そのような趣旨から、第三者委員会を設置する際には、委員の選定プロセスを含め、その独立性・

中立性・専門性を確保するために、十分な配慮を行う。

また、第三者委員会という形式をもって、安易で不十分な調査に、客観性・中立性の装いを持たせるような事態を招かないよう留意する。

③ 実効性の高い再発防止策の策定と迅速な実行

再発防止策は、根本的な原因に即した実効性の高い方策とし、迅速かつ着実に実行する。

この際、組織の変更や社内規則の改訂等にとどまらず、再発防止策の本旨が日々の業務運営等に具体的に反映されることが重要であり、その目的に沿って運用され、定着しているかを十分に検証する。

④ 迅速かつ的確な情報開示

不祥事に関する情報開示は、その必要に即し、把握の段階から再発防止策実施の段階に至るまで迅速かつ的確に行う。

この際、経緯や事案の内容、会社の見解等を丁寧に説明するなど、透明性の確保に努める。

資料

企業等不祥事における第三者委員会ガイドライン

2010年7月15日
改訂 2010年12月17日
日本弁護士連合会

第1部　基本原則

　本ガイドラインが対象とする第三者委員会（以下、「第三者委員会」という）とは、企業や組織（以下、「企業等」という）において、犯罪行為、法令違反、社会的非難を招くような不正・不適切な行為等（以下、「不祥事」という）が発生した場合及び発生が疑われる場合において、企業等から独立した委員のみをもって構成され、徹底した調査を実施した上で、専門家としての知見と経験に基づいて原因を分析し、必要に応じて具体的な再発防止策等を提言するタイプの委員会である。
　第三者委員会は、すべてのステークホルダーのために調査を実施し、その結果をステークホルダーに公表することで、最終的には企業等の信頼と持続可能性を回復することを目的とする。

第1．第三者委員会の活動

1．不祥事に関連する事実の調査、認定、評価

　第三者委員会は、企業等において、不祥事が発生した場合において、調査を実施し、事実認定を行い、これを評価して原因を分析する。

(1) 調査対象とする事実（調査スコープ）

　第三者委員会の調査対象は、第一次的には不祥事を構成する事実関係であるが、それに止まらず、不祥事の経緯、動機、背景及び類似案件の存否、さらに当該不祥事を生じさせた内部統制、コンプライアンス、ガバナンス上の問題点、企業風土等にも及ぶ。

(2) 事実認定

　調査に基づく事実認定の権限は第三者委員会のみに属する。

第三者委員会は、証拠に基づいた客観的な事実認定を行う。
(3) 事実の評価、原因分析
第三者委員会は、認定された事実の評価を行い、不祥事の原因を分析する。

事実の評価と原因分析は、法的責任の観点に限定されず、自主規制機関の規則やガイドライン、企業の社会的責任（CSR）、企業倫理等の観点から行われる。

２．説明責任

第三者委員会は、不祥事を起こした企業等が、企業の社会的責任（CSR）の観点から、ステークホルダーに対する説明責任を果たす目的で設置する委員会である。

３．提言

第三者委員会は、調査結果に基づいて、再発防止策等の提言を行う。

第２．第三者委員会の独立性、中立性

第三者委員会は、依頼の形式にかかわらず、企業等から独立した立場で、企業等のステークホルダーのために、中立・公正で客観的な調査を行う。

第３．企業等の協力

第三者委員会は、その任務を果たすため、企業等に対して、調査に対する全面的な協力のための具体的対応を求めるものとし、企業等は、第三者委員会の調査に全面的に協力する。

第２部　指針

第１．第三者委員会の活動についての指針

１．不祥事に関連する事実の調査、認定、評価についての指針
(1) 調査スコープ等に関する指針
① 第三者委員会は、企業等と協議の上、調査対象とする事実の範囲（調査スコープ）を決定する。調査スコープは、第三者委員会設置の目的を達成するために必要十分なものでなければならない。
② 第三者委員会は、企業等と協議の上、調査手法を決定する。調査手法

資　料

は、第三者委員会設置の目的を達成するために必要十分なものでなければならない。

(2) 事実認定に関する指針

① 第三者委員会は、各種証拠を十分に吟味して、自由心証により事実認定を行う。

② 第三者委員会は、不祥事の実態を明らかにするために、法律上の証明による厳格な事実認定に止まらず、疑いの程度を明示した灰色認定や疫学的認定を行うことができる。

(3) 評価、原因分析に関する指針

① 第三者委員会は、法的評価のみにとらわれることなく、自主規制機関の規則やガイドライン等も参考にしつつ、ステークホルダーの視点に立った事実評価、原因分析を行う。

② 第三者委員会は、不祥事に関する事実の認定、評価と、企業等の内部統制、コンプライアンス、ガバナンス上の問題点、企業風土にかかわる状況の認定、評価を総合的に考慮して、不祥事の原因分析を行う。

２．説明責任についての指針（調査報告書の開示に関する指針）

第三者委員会は、受任に際して、企業等と、調査結果（調査報告書）のステークホルダーへの開示に関連して、下記の事項につき定めるものとする。

① 企業等は、第三者委員会から提出された調査報告書を、原則として、遅滞なく、不祥事に関係するステークホルダーに対して開示すること。

② 企業等は、第三者委員会の設置にあたり、調査スコープ、開示先となるステークホルダーの範囲、調査結果を開示する時期を開示すること。③企業等が調査報告書の全部又は一部を開示しない場合には、企業等はその理由を開示すること。また、全部又は一部を非公表とする理由は、公的機関による捜査・調査に支障を与える可能性、関係者のプライバシー、営業秘密の保護等、具体的なものでなければならないこと。

３．提言についての指針

第三者委員会は、提言を行うに際しては、企業等が実行する具体的な施策の骨格となるべき「基本的な考え方」を示す。

第２．第三者委員会の独立性、中立性についての指針

１．起案権の専属

調査報告書の起案権は第三者委員会に専属する。

2．調査報告書の記載内容

第三者委員会は、調査により判明した事実とその評価を、企業等の現在の経営陣に不利となる場合であっても、調査報告書に記載する。

3．調査報告書の事前非開示

第三者委員会は、調査報告書提出前に、その全部又は一部を企業等に開示しない。

4．資料等の処分権

第三者委員会が調査の過程で収集した資料等については、原則として、第三者委員会が処分権を専有する。

5．利害関係

企業等と利害関係を有する者は、委員に就任することができない。

第3．企業等の協力についての指針

1．企業等に対する要求事項

第三者委員会は、受任に際して、企業等に下記の事項を求めるものとする。

① 企業等が、第三者委員会に対して、企業等が所有するあらゆる資料、情報、社員へのアクセスを保障すること。

② 企業等が、従業員等に対して、第三者委員会による調査に対する優先的な協力を業務として命令すること。

③ 企業等は、第三者委員会の求めがある場合には、第三者委員会の調査を補助するために適切な人数の従業員等による事務局を設置すること。当該事務局は第三者委員会に直属するものとし、事務局担当者と企業等の間で、厳格な情報隔壁を設けること。

2．協力が得られない場合の対応

企業等による十分な協力を得られない場合や調査に対する妨害行為があった場合には、第三者委員会は、その状況を調査報告書に記載することができる。

第4．公的機関とのコミュニケーションに関する指針

自主規制機関などの公的機関と、適切なコミュニケーションを行うことができる。

資　料

第5．委員等についての指針

1．委員及び調査担当弁護士

(1) 委員の数

第三者委員会の委員数は3名以上を原則とする。

(2) 委員の適格性

第三者委員会の委員となる弁護士は、当該事案に関連する法令の素養があり、内部統制、コンプライアンス、ガバナンス等、企業組織論に精通した者でなければならない

第三者委員会の委員には、事案の性質により、学識経験者、ジャーナリスト、公認会計士などの有識者が委員として加わることが望ましい場合も多い。この場合、委員である弁護士は、これらの有識者と協力して、多様な視点で調査を行う。

(3) 調査担当弁護士

第三者委員会は、調査担当弁護士を選任できる。調査担当弁護士は、第三者委員会に直属して調査活動を行う。

調査担当弁護士は、法曹の基本的能力である事情聴取能力、証拠評価能力、事実認定能力等を十分に備えた者でなければならない。

2．調査を担当する専門家

第三者委員会は、事案の性質により、公認会計士、税理士、デジタル調査の専門家等の各種専門家を選任できる。これらの専門家は、第三者委員会に直属して調査活動を行う。

第6．その他

1．調査の手法など

第三者委員会は、次に例示する各種の手法等を用いて、事実をより正確、多角的にとらえるための努力を尽くさなければならない。

(例示)

① 関係者に対するヒアリング

委員及び調査担当弁護士は、関係者に対するヒアリングが基本的かつ必要不可欠な調査手法であることを認識し、十分なヒアリングを実施すべきである。

② 書証の検証

関係する文書を検証することは必要不可欠な調査手法であり、あるべき文書が存在するか否か、存在しない場合はその理由について検証する必要がある。なお、検証すべき書類は電子データで保存された文書も対象となる。その際には下記⑦（デジタル調査）に留意する必要がある。

③ 証拠保全

第三者委員会は、調査開始に当たって、調査対象となる証拠を保全し、証拠の散逸、隠滅を防ぐ手立てを講じるべきである。企業等は、証拠の破棄、隠匿等に対する懲戒処分等を明示すべきである。

④ 統制環境等の調査

統制環境、コンプライアンスに対する意識、ガバナンスの状況などを知るためには社員を対象としたアンケート調査が有益なことが多いので、第三者委員会はこの有用性を認識する必要がある。

⑤ 自主申告者に対する処置

企業等は、第三者委員会に対する事案に関する従業員等の自主的な申告を促進する対応をとることが望ましい。

⑥ 第三者委員会専用のホットライン

第三者委員会は、必要に応じて、第三者委員会へのホットラインを設置することが望ましい。

⑦ デジタル調査

第三者委員会は、デジタル調査の必要性を認識し、必要に応じてデジタル調査の専門家に調査への参加を求めるべきである。

２．報酬

弁護士である第三者委員会の委員及び調査担当弁護士に対する報酬は、時間制を原則とする。

第三者委員会は、企業等に対して、その任務を全うするためには相応の人数の専門家が相当程度の時間を費やす調査が必要であり、それに応じた費用が発生することを、事前に説明しなければならない。

３．辞任

委員は、第三者委員会に求められる任務を全うできない状況に至った場合、辞任することができる。

４．文書化

第三者委員会は、第三者委員会の設置にあたって、企業等との間で、本ガ

資　　料

イドラインに沿った事項を確認する文書を取り交わすものとする。

5．本ガイドラインの性質

　本ガイドラインは、第三者委員会の目的を達成するために必要と考えられる事項について、現時点におけるベスト・プラクティスを示したものであり、日本弁護士連合会の会員を拘束するものではない。

　なお、本ガイドラインの全部又は一部が、適宜、内部調査委員会に準用されることも期待される。

以　上

〔著者紹介〕

木曽　裕（きそ　ゆたか）　弁護士
＜略歴＞
　1973年7月生まれ
　1996年　立命館大学法学部法学科卒業
　2000年　検察官検事任官。以後、東京、大阪など各地方検察庁にて勤務
　2008年　弁護士登録。同年　北浜法律事務所入所
＜主要業務等＞
　企業コンプライアンス（不祥事等の外部調査、原因分析、再発防止策構築等）、刑事告訴告発、違法勢力からの企業防衛、企業の危機管理
＜主要著書・論文＞
　『改訂版　デジタル・フォレンジック事典』（株式会社日科技連出版社・2014年4月）
　『リスクマネジメント実務の法律相談』（青林書院・2014年2月）
　「事件再発防止策の立て方。危機が現実化しているときこそコンプライアンスの楔を打ち込むチャンス」（ザ・ローヤーズ・2015年10月号）
　「企業不祥事未然防止のための取り組みと覚悟（前編・後編）」（月刊監査役・2014年3月号・4月号）
　「経営者の人間的資質が経営体質のカギを握る。実例に基づく失敗とその教訓」（The Lawyers・2013年12月号）
　「自社で進める「不正調査」マニュアル」（BUSINESS TOPICS・109号）
　「経済犯罪に対する規制・制裁の実際～企業コンプライアンスの現場から」（刑事法ジャーナル第25号）

企業不祥事 事後対応の手引き
―社内調査・マスコミ対応・第三者委員会―

2016年9月5日　初版第1刷発行

著　者　木　曽　　　裕
発行者　金　子　幸　司
発行所　㈱経済法令研究会
　　　　〒162-8421　東京都新宿区市谷本村町3-21
　　　　電話　代表03(3267)4811　制作03(3267)4823

営業所／東京 03(3267)4812　大阪 06(6261)2911　名古屋 052(332)3511　福岡 092(411)0805

カバーデザイン／小山和彦(㈱ZAP)　制作／地切 修　印刷／㈱日本制作センター

Ⓒ Yutaka Kiso 2016　Printed in Japan　　　　　　　　　　　ISBN978-4-7668-2387-5

"経済法令グループメールマガジン"配信ご登録のお勧め
当社グループが取り扱う書籍、通信講座、セミナー、検定試験情報等、皆様にお役立ていただける情報をお届け致します。下記ホームページのトップ画面からご登録いただけます。
☆　経済法令研究会　http://www.khk.co.jp/　☆

定価はカバーに表示してあります。無断複製・転用等を禁じます。落丁・乱丁本はお取替えします。

「チェックリスト」（事前事後対策）、「判断場面別索引」付
業界別・場面別

役員が知っておきたい法的責任
―役員責任追及訴訟に学ぶ現場対応策―

落合 誠一 監修
澁谷 展由・三澤 智・清水 貴曉・岸本 寛之・檜山 正樹 編著

●A5判上製　648頁　●定価　本体4,000円+税

役員としての経営判断・実務対応の指針を提示！

　引き続く企業不祥事とともに役員（取締役・監査役）の責任は重大さを増しています。どのような場面で責任が問われるのか、また業界によって注意義務の程度は異なるのかということは、企業経営にあたる取締役にとって重大な関心事です。
　本書は、役員の責任について、役員の責任が問題となった裁判例を「業界別」に分類し、どのような場合に責任を問われるのかを分析したうえで、その実務対応を解説しています。
　さらに、各項目ごとに現場での具体策を示した「チェックリスト」、及びどのような場面で責任が問われたかを分類した「判断場面別索引」を巻末に設け、利便性を高めています。

本書の特徴
- ●役員の責任が問題となった裁判例を業界ごと分類
- ●事案一覧表・関係図等により裁判例の事案・判断を簡潔に紹介
- ●実務対策の確認チェックリストを項目ごとに掲載
- ●各項目の冒頭に当該事案の業界・判断場面のタグを付記
- ●実務に精通した企業内弁護士を中心に執筆

主な裁判例

　本書では、38業界から68の裁判例を取り上げています。主な裁判例は以下のとおりです。
　神戸製鋼所事件（総会屋への利益供与）／**積水樹脂事件**（業務提携先の新株引受価額の算定）／**日本精密事件**（債務超過会社への増資）／**オリンパス事件**（有価証券の虚偽記載）／**雪印食品事件**（牛肉偽装）／**間組事件**（贈賄）／**アパマンショップ事件**（非上場会社の株式取得）／**長銀初島事件**（追加融資）／**四国銀行事件**（県の要請による追加融資）／**阪和銀行事件・東和銀行事件**（回収見込みのない融資）／**野村證券事件**（損失補填）／**日本経済新聞社事件**（従業員のインサイダー取引）／**新潮社事件**（名誉棄損の記事の掲載）／**大原町農協事件**（監事の理事に対する監督責任）

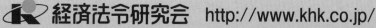
経済法令研究会　http://www.khk.co.jp/
〒162-8421　東京都新宿区市谷本村町3-21　TEL.03(3267)4811　FAX.03(3267)4803

既刊「役員が知っておきたい法的責任」の姉妹書

経済刑事裁判例に学ぶ
不正予防・対応策
―法的・会計的視点から―

●Ａ５判上製　440頁　●定価3,500円＋税

監修：龍岡 資晃
編者：澁谷 展由・岸本 寛之・檜山 正樹・
　　　内野 令四郎・西田 明熙・大形 浩祐

　本書は、社会的にも注目された経済刑事事件を取り上げ、どのような経緯で有価証券報告書虚偽記載等の犯罪に至ったのかその原因を分析し、不正の予防・事後対応を解説する書です。また、裁判例の法的分析のみならず、資金の流れからいかに不正を発見し、防止するかという会計的視点からも実際的分析を行っており、企業のコンプライアンスに携わる方々にとって必読の書といえます。
　なお、本書とともに、民事責任を扱った姉妹書「役員が知っておきたい法的責任」もあわせてお読みいただくことをお勧めします。

■本書の特徴
●不正に絡む経済刑事裁判例を分析し、予防策を検討
●弁護士、裁判官、公認会計士等の異業種専門家の協働による執筆
●粉飾等の事案については会計的視点から不正の原因を分析
●事案一覧表により一目で事件の概要・結論がわかるレイアウト

■主要目次
総　論
経済刑事裁判例に見る不正行為の原因と予防について／経済犯罪が発生した場合のリスク、事前予防、事後対応／経済事犯の量刑例についての一考察／特別背任罪といわゆる経営判断の原則について
各　論－裁判例の分析・解説
【見せ金】　東京相和銀行事件
【BS・資産の過大計上】　キャッツ事件
【PL・架空・過大売上げ計上】　エフオーアイ事件／ライブドア事件／プロデュース事件／アクセス事件
【架空循環取引】　アイ・エックス・アイ事件／ニイウスコー事件／
【架空取引】　メディア・リンクス事件
【PL・利益の過大計上】　森本組事件
【飛ばし】　山一證券事件／オリンパス事件
【PL・損失の過少計上】　ヤクルト事件／フットワークエクスプレス事件
【適用する会計基準】　日本長期信用銀行事件
【持株状況の虚偽表示】　西武鉄道事件
【架空増資】　ペイントハウス事件／ユニオンホールディングス事件／駿河屋事件
【インサイダー取引】　村上ファンド事件
【相場操縦】　大阪証券取引所事件
【不正融資】　大王製紙事件／イトマン事件／北海道拓殖銀行事件／石川銀行事件
【検査妨害】　日本振興銀行事件
【脱税】　エステート事件
【倒産法違反】　トランスデジタル事件／ＳＦＣＧ事件
【取り込み詐欺】　アーバンエステート事件
■公認会計士の視点
「キャッツ事件」「エフオーアイ事件（架空取引）」／「ライブドア事件」他
COLUMN
架空循環取引と架空原価の棚卸資産への付替え／セール＆リースバック取引／簿外債務／ペイントハウス事件でなぜ間接正犯という構成がとられたのか　他

経済法令研究会　http://www.khk.co.jp/　　●経済法令オフィシャルブログ
〒162-8421　東京都新宿区市谷本村町3-21　TEL.03(3267)4810　FAX.03(3267)4998　　　http://khk-blog.jp/